크라튈로스

정암고전총서 플라톤 전집

크라튈로스

플라톤

아카넷

정암고전총서는 윤독의 과정을 거쳐 책을 펴냅니다.
아래의 정암학당 연구원들이 『크라튈로스』 원고를 함께 읽고
번역에 도움을 주셨습니다.
이정호, 강성훈, 김주일, 정준영

'정암고전총서'를 펴내며

그리스·로마 고전은 서양 지성사의 뿌리이며 지혜의 보고이다. 그러나 이를 우리말로 직접 읽고 검토할 수 있는 원전 번역은 여전히 드물다. 이런 탓에 우리는 서양 사람들의 해석을 수동적으로 수용하는 처지를 완전히 극복하지 못하고 있다. 사상의 수입은 있지만 우리 자신의 사유는 결여된 불균형의 문제를 안고 있는 것이다. 이런 상황은 우리의 삶과 현실을 서양의 문화유산과 연관 지어 사색하고자 할 때 특히 심각한 문제를 야기한다. 우리 자신이 부닥친 문제를 자기 사유 없이 남의 사유를 통해 이해하거나 해결하는 것은 거의 불가능하기 때문이다. 우리의 문제에 대한 인문학적 대안들이 때로는 현실을 적확하게 꼬집지 못하는 공허한 메아리로 들리는 것도 그런 이유 때문일 것이다.

한 공동체에서 살아가는 사람들이 자신들의 생각과 말을 나누며 함께 고민하는 문제와 만날 때 인문학은 진정한 울림이 있는 메아리가 될 수 있다. 이것은 우리가 우리의 현실을 함께 고민하는 문제의식을 공유함으로써 가능하겠지만, 그조차도 함께 사유할 수 있는 텍스트가 없다면 요원한 일일 것이다. 사유를 공유할 텍스트가 없을 때는 앎과 말과 함이 분열될 위험에 노출될 수 있기 때문이다. 이런 점에서 진정한 인문학적 탐색은 삶의 현실이라는 텍스트, 그리고 생각을 나눌 수 있는 문헌 텍스트와 만나는 이중의 노력에 의해 가능할 것이다.

현재 한국의 인문학적 상황은 기묘한 이중성을 보이고 있다. 대학 강단의 인문학은 시들어 가고 있는 반면 대중 사회의 인문학은 뜨거운 열풍이 불어 마치 중흥기를 맞이한 듯하다. 그러나 현재의 대중 인문학은 비판적으로 사유하는 인문학이 되지 못하고 자신의 삶을 합리화하는 도구로 전락하는 경향이 없지 않다. 사유 없는 인문학은 대중의 욕망을 충족시키기 위해 소비되는 상품에 지나지 않는다. '정암고전총서' 기획은 이와 같은 한계상황을 극복할 수 있는 기본적인 토대를 마련하고자 하는 절실한 문제의식에서 시작되었다.

정암학당은 철학과 문학을 아우르는 서양 고전 문헌의 연구와 번역을 목표로 2000년 임의 학술 단체로 출범하였다. 그리고 그 첫 열매로 서양 고전 철학의 시원이라 할 『소크라테스 이전 철학자들의 단편 선집』을 2005년도에 펴냈다. 2008년에는 비영리 공익법인의 자격을 갖는 공적인 학술 단체의 면모를 갖추고 플라톤 원전 번역을 완결할 목표 아래 지금까지 20여 종에 이르는 플라톤 번역서를 내놓고 있다. 이제 '플라톤 전집' 완간을 눈앞에 두고 있는 시점에 정암학당은 지금까지의 시행착오를 밑거름 삼아 그리스·로마의 문사철 고전 문헌을 우리말로 옮기는 고전 번역 운동을 본격적으로 펼치려 한다.

정암학당의 번역 작업은 철저한 연구에 기반한 번역이 되도록 하기 위해 처음부터 공동 독회와 토론을 통해 이루어진다. 번역 초고를 여러 번에 걸쳐 교열·비평하는 공동 독회 세미나를 수행하여 이를 기초로 옮긴이가 최종 수정하는 방식으로 진행된다. 이같이 공동 독회를 통해 번역서를 출간하는 방식은 서양에서도 유래를 찾기 어려운 번역 시스템이다. 공동 독회를 통한 번역은 매우 더디고 고통스러운 작업이지만, 우리는 이 같은 체계적인 비평의 과정을 거칠 때 믿고 읽을 수 있는 텍스트가 탄생할 수 있다고 확신한다. 이런 번역 시스템 때문에 모든 '정암고전총서'에는 공동 윤독자를 병기하기로 한다. 그러나 윤독자들의 비판을 수용할지 여부는 결국 옮긴이가 결정한다는 점에서 번역의 최종 책임은 어디까지나 옮긴이에게 있다. 따라서 공동 윤독에 의한 비판의 과정을 거치되 옮긴이들의 창조적 연구 역량이 자유롭게 발휘될 수 있도록 노력하였다.

정암학당은 앞으로 세부 전공 연구자들이 각각의 연구팀을 이루어 연구와 번역을 병행함으로써 아리스토텔레스 철학 원전, 키케로 전집, 헬레니즘 선집 등의 번역본을 출간할 계획이다. 그리고 이렇게 출간될 번역본에 대한 대중 강연을 마련하여 시민들과 함께 호흡할 수 있는 장을 열어 나갈 것이다. 공익법인인 정암학당은 전적으로 회원들의 후원으로 유지된다는 점에서 '정암고전총서'는 연구자들의 의지뿐만 아니라 시민들의 소중한 뜻이 모여 세상 밖에 나올 수 있는 셈이다. 이런 점에서 '정암고전총서'가 일종의 고전 번역 운동으로 자리매김되길 기대한다.

'정암고전총서'를 시작하는 이 시점에 두려운 마음이 없지 않으나, 이런 노력이 서양 고전 연구의 디딤돌이 될 것이라는 희망, 그리고 새로운 독자들과 만나 새로운 사유의 향연이 펼쳐질 수 있으리라는 기대감 또한 적지 않다. 어려운 출판 여건에도 '정암고전총서' 출간의 큰 결단을 내린 아카넷 김정호 대표에게 경의와 감사의 뜻을 전한다. 끝으로 정암학당의 기틀을 마련했을 뿐만 아니라 앎과 실천이 일치된 삶의 본을 보여 주신 이정호 선생님께 존경의 마음을 표한다. 그 큰 뜻이 이어질 수 있도록 앞으로도 치열한 연구와 좋은 번역을 내놓는 노력을 다할 것이다.

2018년 11월
정암학당 연구자 일동

'정암학당 플라톤 전집'을 새롭게 펴내며

플라톤의 사상과 철학은 서양 사상의 뿌리이자 서양 문화가 이루어 온 지적 성취들의 모태가 되었다는 점에서 큰 의미를 지니고 있다. 특히 그의 작품들 대부분은 풍성하고도 심오한 철학적 문제의식을 담고 있을 뿐만 아니라 생동감 넘치는 대화 형식으로 쓰여 있어서, 오늘날까지 많은 사람이 최고의 철학 고전이자 문학사에 길이 남을 걸작으로 손꼽고 있다. 화이트헤드는 '유럽철학의 전통은 플라톤에 대한 일련의 각주'라고까지 하지 않았던가.

정암학당은 플라톤의 작품 전체를 우리말로 공유할 수 있도록 하자는 취지에서 뜻있는 학자들이 모여 2000년에 문을 열었다. 그 이래로 플라톤의 작품들을 함께 읽고 번역하는 데 매달려 왔다. 정암학당의 연구자들은 애초부터 공동 탐구의 작업 방식을 취해 왔으며, 이에 따라 공동 독회와 토론을 통해 텍스트를 이해하는 노력을 기울여 왔고, 초고를 여러 번에 걸쳐 교열·비평하는 수고 또한 마다하지 않았다. 2007년에 『뤼시스』를 비롯한 3종의 번역서를 낸 이후 지금까지 출간된 정암학당 플라톤 번역서들은 모두 이 같은 작업 방식으로 이루어진 성과물들이다.

정암학당의 이러한 작업 방식 때문에 번역 텍스트를 출간하는 데 출판사 쪽의 애로가 없지 않았다. 그동안 출판을 맡아 준 이제이북스는 어려운 여건에서도 플라톤 전집 출간의 의미를 이해하고 전집 출간 사업에 동참하여 많은 노력을 기울여주었다. 그 결과 2007년부터 2018년까지 20여 종의 플라톤 전집 번역서가 출간되었다. 그러나 최근 이제이북스의 여러 사정으로 인해 전집 출간을 마무리하기가 어려워졌다. 정암학당은 플라톤 전집 출간을 이제이북스와 완결하지 못하게 된 것에 대해 아쉬움을 표하는 동시에 그동안의 노고에 고마움을 전한다.

정암학당은 이 기회에 플라톤 전집의 번역과 출간 체계를 전반적으로 정비하기로 했고, 이런 취지에서 '정암학당 플라톤 전집'을 '정암고전총서'에 포함시켜 아카넷 출판사를 통해 출간할 것이다. 아카넷은 정암학당이라는 학술 공간의 의미를 이해하고 '정암학당 플라톤 전집' 출간의 가치를 공감해주었다. 여러 가지 측면에서 많은 어려움이 있었음에도 어려운 결단을 내린 아카넷 출판사에 감사를 표한다.

정암학당은 기존에 출간한 20여 종의 번역 텍스트를 '정암고전총서'에 편입시켜 앞으로 2년 동안 순차적으로 이전 출간할 예정이다. 그러나 이런 작업이 짧은 시간에 추진되었기 때문에 번역자들에게 전면적인 수정을 할 시간적 여유가 주어지지는 않았다. 따라서 아카넷 출판사로 이전 출간하는 플라톤 전집은 일부의 내용을 보완하고 오식을 수정하는 선에서 새로운 판형과 조판으로 출간한다. 이 점에 대해서는 독자들께 양해를 구한다. 정암학당은 출판사를 옮겨 출간하는 작업을 진행하는 동시에, 플라톤 전집 중 남아 있는 텍스트들에 대한 번역본 출간 시기도 앞당길 수 있도록 노력할 것이다. 그리하여 오랜 공동 연구의 결실인 '정암학당 플라톤 전집' 전체를 독자들이 조만간 음미할 수 있도록 최선을 다할 것이다.

끝으로 정암학당의 기반을 마련해 주신 고 정암(鼎巖) 이종건(李鍾健) 선생을 추모하며, 새 출판사에서 플라톤 전집을 완간하는 일에 박차를 가할 것을 다짐한다.

2019년 6월

정암학당 연구자 일동

차례

'정암고전총서'를 펴내며   5

'정암학당 플라톤 전집'을 새롭게 펴내며   9

작품 내용 구분   14

등장인물   16

일러두기   18

본문   21

주석   153

작품 안내   179

참고문헌   217

찾아보기   223

옮긴이의 말   244

작품 내용 구분

1. 이름의 올바름에 대한 상반된 두 견해:
   헤르모게네스의 규약주의와 크라튈로스의 자연주의(383a-385e)

2. 자연주의의 일반적 논거에 의한 규약주의 비판(385e-390e)
   1) 있는 것들의 본질(385e-386e)
   2) 행위들의 본성과 이름을 부르는 행위의 본성(386e-387d)
   3) 도구의 기능과 이름의 기능(387d-388c)
   4) 기술자로서 도구를 만드는 자와 입법가(388c-389a)
   5) 만듦의 본 : 형상(389a-390a)
   6) 도구를 만드는 자와 사용자의 관계:
      입법가와 변증술에 능한 자의 관계(390b-390d)
   7) 소크라테스의 잠정적인 결론(390d-390e)

3. 어원에 대한 자연주의적인 설명에 의한 규약주의 비판(390e-427d))
   1) 헤르모게네스의 새로운 요청(390e-391c)
   2) 호메로스의 작품에 나오는 이름들을 비롯한 사람들과 신들의 이름 고찰
      (391c-397b)
   3) 우주론의 어휘들을 통한 여러 이름들에 대한 고찰(397b-410e)
   4) 윤리적 함축을 갖는 이름들에 대한 고찰(411a-421c)
   5) 최초의 이름들에 대한 고찰(421c-427d)

4. 크라튈로스의 자연주의에 대한 소크라테스의 비판(427d-440e)
   1) 이름과 사물 사이에 성립하는 모방 관계(428e-435d)

14

   (1) 올바르지 않은 이름과 거짓된 이름의 가능성(428e-431c)

   (2) 이름은 사물을 완전히 모방할 수 없다(431c-433b)

   (3) 규약주의의 부분적 수용(433b-435d)

2) 이름을 아는 사람은 사물도 아는가?(435d-439b)

3) 만물유전설과 형상설(439b-440e)

등장인물

헤르모게네스(Hermogenēs)

헤르모게네스는 이름의 올바름이 사회적 합의나 동의에 달려 있는 것으로 보는가 하면 개인의 의지에 달려 있는 것으로 보기도 한다. 그는 아테네인으로서 힙포니코스(Hipponikos)의 아들이며(384a, 406b), 칼리아스(Kallias)의 동생이다(391c). 칼리아스는 아테네의 큰 부자인 힙포니코스에게서 유산을 물려받았으나 헤르모게네스는 물려받지 못했다고 한다(391c). 그가 서자(庶子)였기 때문인 것 같다. 『파이돈』을 보면 그는 소크라테스가 독배를 들이켜는 날, 제자로서 곁에 있었던 것으로 보인다(59b).

크라튈로스(Kratylos)

크라튈로스는 이름의 올바름이 '있는 것들' 각각에 자연적으로 있다고 본다. 이름은 합의나 동의에 의해 임의로 붙여지는 것이 아니고, 사물의 본성에 따라 붙여진다는 것이 그의 견해이다. 그는 아테네인으로서 스미크리온(Smikriōn)의 아들이다(429e). 소크라테스가 그에게 "자네는 아직 젊고 한창때의 나이니까"(440d)라고 말한 것을 볼 때, 그의 나이는 많아도 30세는 넘지 않은 것 같고 대략 20세 전후로 보는 것이 무난할 것 같다. 헤르모게네스도 거의 같은 또래로 보인다.

소크라테스(Sōkratēs)

이름의 올바름에 관해 헤르모게네스와 크라튈로스가 대립하는 논의의 장에 등장하여 먼저 헤르모게네스의 규약주의를 논박하고, 이어서 크라튈로스의 자연주의를 논박한다. 그런데 규약주의와 자연주의 사이에서 소크라테스의 실제 입장이 무엇인지는 분명하지 않다. 이 대화편에서 그는 사실상 플라톤의 입장을 대변하고 있는 것으로 보인다. 그가 두 젊은이와 대화를 하던 시점은 노년기로 볼 수 있다(429d).

일러두기

1. 번역의 기준 판본으로는 옥스퍼드 고전\텍스트(OCT) 플라톤 전집(*Platonis Opera*) 1권 신판(E. A. Duke, W. F. Hicken, W. S. M. Nicoll, D. B. Robinson, J. C. G. Strachan 편집, 1995)을 사용했다.

2. 번역문 좌우측 여백에 있는 숫자와 알파벳(383a, b 등)는 '스테파누스판(H. Stephanus, *Platonis Opera quae extant omnia*, 1578)의 쪽수 및 행수에 따른 표기다.

3. 번역문은 그리스어 원문과 가능한 한 일치시키되, 문맥상 지시사가 가리키는 것이 분명하거나 생략된 말이 분명한 경우 우리말의 자연스러움을 위해 지시 또는 생략된 말을 밖으로 드러내서 옮겼다.

4. 번역문 속에는 그리스어의 표기가 꼭 필요한 경우에 한해서 그리스어를 밝혀놓았고, 그 외에 그리스어를 참고할 필요가 있을 경우에는 주석에 밝히거나 색인에 포함시켰으며, 그리스어는 로마자로 표기했다.

5. 둥근 괄호 ( )는 유의어와 한자 또는 그리스어를 병기하기 위해 사용했으며 사각 괄호 [ ]는 문맥을 이해하는 데 도움을 주거나 역문을 자연스럽게 하기 위해 역자가 원문에 없는 내용을 보충하는 데 사용했다.

6. 그리스어의 로마자 표기에서 장모음 ā, ē, ō 옆에 i를 병기한 것이 있는데, 이 i는 그리스어 표기법상 위 세 모음 밑에 쓰이는 것(iota subscript)이며 발음은 되지 않는다.

7. 그리스어의 우리말 표기는 고전 시대의 발음에 가깝게 표기했다. 단 우리말로 굳어져 널리 쓰이는 것은 예외로 했다.

크라튈로스

크라튈로스

헤르모게네스, 크라튈로스, 소크라테스

헤르모게네스 그러면 여기 계신 소크라테스 선생님도 우리 논의 383a
에 참여하시게 할까?

크라튈로스 자네가 괜찮다면.

헤르모게네스 소크라테스 선생님, 이 친구 크라튈로스는 이렇게
주장합니다. "있는 것들 각각에는 저마다 올바른 이름[1]이 본래
자연적으로 있다. 그리고 이름이란 사람들이 자신들의 언어로
어떤 것의 이름을 부를 때, 그렇게 부르기로 합의하고 부르는 언
어의 조각[2]이 아니다. 오히려 이름을 붙이는 올바른 규칙은 본래 b
있는 것이며, 그것은 그리스 사람이든 이민족 사람[3]이든 누구에
게나 똑같다"라고요. 그래서 내가 그에게 '크라튈로스'가 진짜 그
의 이름인지 물었더니, 진짜라고 동의합니다. "소크라테스 선생
님은 어떻고?"라고 묻자, "'소크라테스'지"라고 대답하고요. "그
렇다면 다른 모든 사람들의 경우도 우리가 각자를 부르는 바로

21

그 이름이 각자의 이름인가?"라고 또 물으니까, "적어도 자네 이름이 '헤르모게네스'[4]는 아니야. 설령 모든 사람들이 그렇게 부른다 해도 아니지"라고 말합니다. 그래서 나는 그에게 질문을 해서 384a 도대체 그의 말이 무슨 뜻인지 이해하려고 애쓰는데도, 그는 도무지 분명하게 설명을 해 주지도 않고 비꼬는 식으로 나를 대합니다. 마치 이 문제에 관해 알고 있기라도 한 듯이, 분명하게 말하려 든다면 나까지도 그의 주장에 동의하게 해서 같은 주장을 하도록 만들 수 있는 자기 나름의 어떤 앎을 속으로 가지고 있는 체하면서 말이죠. 그러니까 선생님께서 크라튈로스의 신탁을 어떻게든 해석해 주실 수 있다면, 기꺼이 듣겠습니다. 아니, 그보다 이름들의 올바름에 관해서 선생님 나름대로는 어떻게 생각하시는지를 더 알고 싶습니다. 선생님께서 괜찮으시다면 말이죠.

소크라테스 힙포니코스의 아들 헤르모게네스, 옛 속담에 아름다운 것들은 그것이 어떻게 해서 그런지 이해하기 어려운 법이다[5]
b 라고 했네. 특히나 이름들에 관한 공부는 작은 일이 아닐세. 내가 프로디코스에게서 전에 들었던 강연[6]이 오십 드라크메짜리였더라면 ─그 사람 주장에 따르면 그것을 들으면 이 문제에 관해서 다 배울 수 있다고 하네─ 당장에라도 자네가 이름들의 올바름에 관한 진실을 아는 데 아무런 장애가 없을 텐데. 그러나 사실 나는 그 강연은 듣지 못했고 대신 일 드라크메짜리 강연을 들c 었네. 그래서 이 문제에 관한 진실이 어떤지를 알지 못한다네.

하지만 나는 자네하고 크라튈로스와 같이 그것을 살펴볼 준비가 되어 있네. 그런데 '헤르모게네스'가 진짜 자네 이름이 아니라는 그의 말은 추측하건대 놀리는 말이 아닌가 싶네. 아마도 그는 자네가 재물을 얻고 싶어 하지만 그것을 얻는 데 늘 실패한다고 생각하는 것 같거든. 그러나 방금 내가 말했듯이 이런 문제들은 알기가 어렵네. 그래도 우리가 공동의 과제로 삼고 자네 주장이 맞는지 아니면 크라튈로스의 주장이 맞는지 살펴봐야 하네.

헤르모게네스 소크라테스 선생님, 실은 제가 이 친구뿐 아니라 다른 여러 사람들과도 자주 대화를 나누었습니다만, 이름의 올바름이 합의나 동의가 아닌 다른 무엇인가에 근거한다는 주장이 저로서는 납득할 수가 없습니다. 제가 보기에는 누군가가 어떤 것에 무슨 이름을 붙이든 그것이 올바른 이름인 것 같습니다. 설령 다른 사람이 다시 다른 이름으로 바꾸어서, 더 이상 그 이름을 사용하지 않더라도 나중 것이 이전 것 못지않게 올바르다는 것이죠. 우리가 집안 노예들의 이름을 바꿀 때[7] 바뀐 것이 전에 붙인 것 못지않게 올바른 것처럼 말입니다. 어떤 이름도 각 사물에 본래 자연적으로 있는 것이 아니고 관습을 확립하고 이름을 붙이는 사람들의 규칙과 관습에 따라서 있는 것이니까요. 그러나 만약 이와는 다른 어떤 방식이라면 저는 크라튈로스에게서뿐만 아니라 다른 누구에게서든 배우고 들을 준비가 되어 있습니다.

소크라테스 헤르모게네스, 아마도 자네가 중요한 말을 한 것 같은데, 그것을 살펴보기로 하세. 자네 말대로 누군가가 각 사물[8]을 무슨 이름으로 부르든 그것이 각 사물 이름인가?

헤르모게네스 저는 그렇다고 봅니다.

소크라테스 개인이 이름을 붙이든 나라가 이름을 붙이든 그런 것인가?

헤르모게네스 그렇습니다.

소크라테스 그렇다면 어떤가? '있는 것들' 가운데 어떤 것에다 내가 이름을 붙인다고 해 보세. 이를테면 지금 우리가 '사람'이라고 부르는 것을 내가 '말(馬)'이라 부르고, 지금 우리가 '말'이라고 부르는 것을 내가 '사람'이라고 부른다면, 같은 것(사람)이 '사람'이라는 이름은 공적(公的)으로 갖게 되고 '말'이라는 이름은 사적(私的)으로 갖게 될까? 그리고 이번에는 같은 것(말)이 '사람'이라는 이름은 사적으로 갖게 되고 '말'이라는 이름은 공적으로 갖게 될까? 자네 말은 그런 뜻인가?

b 헤르모게네스 저는 그렇다고 봅니다.[9]

소크라테스 자, 그러면 다음 질문에 대해 내게 대답해 주게. 자네가 '참을 말한다'라고 표현하거나 '거짓을 말한다'라고 표현하는 무엇인가가 있나?

헤르모게네스 그렇습니다.

소크라테스 그렇다면 참말이 있고 거짓말이 있겠군?

헤르모게네스 물론입니다.

소크라테스 그러면 '있는 것들'에 대해 있다고 말하는 것[10]은 참이고, 있지 않는다고 말하는 것은 거짓인가?

헤르모게네스 그렇습니다.

소크라테스 따라서 있는 것들과 있지 않은 것들을 말로 나타내는 것은 가능한 일이지?

헤르모게네스 물론입니다.

소크라테스 참말은 전체로서는 참이지만 그것의 부분들은 참이 아닌 것인가?   c

헤르모게네스 아니요, 부분들도 참이죠.

소크라테스 큰 부분은 참이고 작은 부분은 참이 아닌가? 아니면 모두 다 참인가?

헤르모게네스 저는 모두 다 참이라고 생각합니다.

소크라테스 그렇다면 자네는 말(진술)에서 이름보다 더 작은 다른 부분을 지적할 수 있나?

헤르모게네스 아니요, 그것이 가장 작은 부분이죠.

소크라테스 따라서 이름도 참말의 부분이라고 우리는 말하지?

헤르모게네스 그렇습니다.

소크라테스 자네 대답에 따르면 이 부분(참말의 부분)은 참이지?

헤르모게네스 그렇습니다.

소크라테스 거짓말의 부분은 거짓이지?

헤르모게네스 그렇습니다.

소크라테스 따라서 말(진술)의 경우처럼 이름에 대해서도 거짓된 이름과 참된 이름을 말할 수가 있겠지?

d 헤르모게네스 물론입니다.

소크라테스 그렇다면 각자가 어떤 것의 이름이라고 말하는 것이, 그것이 어떤 이름이든 간에, 각 사물의 이름인가?

헤르모게네스 그렇습니다.

소크라테스 그리고 누군가가 각 사물의 이름들이라고 말하는 그만큼의 이름들을, 그렇게 말하는 그때, 각 사물은 자신의 이름으로 가지게 되나?

헤르모게네스 소크라테스 선생님, 저로서는 이것 말고는 이름의 다른 올바름을 알지 못합니다. 저는 제가 붙인 이름으로 각 사물을 부를 수 있고, 선생님은 선생님이 붙인 다른 이름으로 각 사물을 부를 수 있는 것이죠. 그렇듯이 저는 각 나라도 때에 따라서 같은 것들에다 저 나름대로 이름을 붙이는 것을 봅니다. 이를테면 그리스 사람들은 다른 그리스 사람들과 다르게 이름을 붙이고, 또 이민족 사람들과도 다르게 이름을 붙입니다.

소크라테스 자, 그렇다면 헤르모게네스, 자네가 '있는 것들'도 그와 마찬가지라고 여기는지 보기로 하세. 자네는 있는 것들의 본질[11]이 프로타고라스가 주장했듯이 각자에게 저마다 고유하게 있다고 보나? —그가 인간을 "만물의 척도"[12]라고 말할 때 그 말은 사물들이 나에게는 나에게 보이는 그런 것으로 있고, 너에게는 너에게 보이는 그런 것으로 있다는 뜻이었지 — 아니면 자네는 그것들이 자신만의 확고한 어떤 본질을 갖는다고 생각하나?

헤르모게네스   소크라테스 선생님, 저는 한때 어찌 해야 할지 몰라서 프로타고라스가 내세운 이 주장에 빠졌던 적이 있습니다. 그것이 사실이라고는 전혀 믿지 않지만요.

소크라테스   어떤가? 자네는 나쁜 사람은 전혀 없다고 믿을 정도까지 빠져들었나?   b

헤르모게네스   제우스께 맹세컨대 아닙니다. 오히려 저는 아주 나쁜 사람들이 있다고, 그것도 아주 많다고 생각한 적이 자주 있었습니다.

소크라테스   어떤가? 자네는 아주 훌륭한 사람들이 있다고 생각한 적은 없나?

헤르모게네스   그런 사람은 아주 적지요.

소크라테스   그렇다면 있다고 생각했었군?

헤르모게네스   그렇습니다.

소크라테스   그러면 이것은 어떻게 생각하나? 아주 훌륭한 사람들은 아주 분별 있는 자이지만 아주 나쁜 사람들은 아주 무분별한 자인가?

헤르모게네스   저는 그렇게 생각합니다.   c

소크라테스   그렇다면 만약 프로타고라스가 진리를 말했고, 그 진리[13]란 사물들은 각자가 생각하는 그런 것으로 각자에게 있다는

것이라면, 우리들 가운데 분별 있는 사람들이 있는 한편 어리석
은 사람들이 있을 수 있을까?

헤르모게네스 불가능하죠.

소크라테스 그래서 분별과 무분별이 있다면, 적어도 프로타고라
스의 주장이 결코 진리일 수 없다는 생각은 자네가 틀림없이 할

d 거라고 보네. 각자가 생각하는 것이 각자에게 참이라면, 사실상
어떤 사람이 다른 사람보다 조금이라도 더 분별 있는 자일 수 없
을 테니까.

헤르모게네스 그렇습니다.

소크라테스 하지만 자네는 에우튀데모스[14]를 좇아 모든 것이 누
구에게나 동시에 똑같이 언제나 있다고 믿지도 않을 거라고 생각
하네. 덕과 악덕이 모든 사람에게 똑같이 언제나 있다면, 어떤 사
람들은 훌륭하지만 어떤 사람들은 나쁠 수가 전혀 없을 테니까.

헤르모게네스 맞는 말씀입니다.

소크라테스 따라서 모든 사람에게 모든 것이 동시에 똑같이 언
제나 있지도 않고, 각 사물이 각자에게 저마다 고유하게 있는 것

e 도 아니라면, 사물들 자체는 분명히 자신들만의 확고한 어떤 본
질을 갖는 것이네. 그래서 그것들은 우리와 관련해서 있지도 않
고 우리로 말미암아 있지도 않네. 그것들은 우리의 상상에 따라
이리저리 흔들리지 않고 그 자체로 자신들의 본질과 관련해서
본래 있는 그대로 있는 거라네.

헤르모게네스   그렇다고 생각합니다, 소크라테스 선생님.

소크라테스   그렇다면 사물들 자체는 본래 그렇게 되어 있는 한 편으로, 그것들의 행위[15]는 마찬가지로 그렇지 않을 수 있을까? 이 행위들도 '있는 것들'의 한 종류 아닌가?

헤르모게네스   물론 그것들도 그렇지요.

소크라테스   그렇다면 행위들도 자신의 본성에 따라 행해지지 우 리의 의견에 따라 행해지지는 않네. 이를테면 우리가 있는 것들 가운데서 어떤 것을 자르려고 할 때, 우리는 각각을 우리가 원하는 방식으로 우리가 원하는 도구를 사용해서 잘라야 할까? 오히려 우리가 자름과 잘림의 본성에 맞게, 그리고 본성상 그런 일에 적합한 도구를 가지고 자르려고 할 경우에는 자르는 데 성공하게 되고 이 일을 제대로 해내겠지만, 본성에 맞지 않게 하면 실패하게 되고 전혀 이 일을 해내지 못하겠지? 387a

헤르모게네스   제가 보기에는 그렇습니다.   b

소크라테스   그래서 우리가 무엇인가를 태우려고 할 경우에도, 아무 의견이나 따라 태워서는 안 되고 올바른 의견에 따라 태워야 하지 않나? 그리고 그 의견은 각각이 태워지고 태우는 본래의 방법과 도구에 관한 의견이지?

헤르모게네스   그렇습니다.

소크라테스   그렇다면 다른 행위들도 그렇겠지?

헤르모게네스   물론입니다.

소크라테스 말하는 것도 일종의 행위 아닌가?

헤르모게네스 그렇죠.

소크라테스 누군가가 자신이 마땅하다고 생각하는 방식대로 말
c 을 한다면, 그는 올바르게 말할 수 있을까? 그렇지 않고 사물들
에 관해 말하고 말해지는 본래의 방식과 도구로 말을 한다면 말
하는 데 성공하겠지만, 그렇지 않으면 실패하게 되고 아무것도
해내지 못하겠지?

헤르모게네스 선생님 말씀대로 그런 것 같습니다.

소크라테스 그렇다면 이름을 부르는 것은 말하는 것의 부분이
지? 우리는 이름을 사용해서 말을 하니까.

헤르모게네스 물론입니다.

소크라테스 그렇다면 이름을 부르는 것도 행위의 일종이지? 말
하는 것도 사물들에 관한 행위의 일종이라면 말일세.

헤르모게네스 그렇죠.

d 소크라테스 그런데 우리는 행위들이 우리와 관련해서 있지 않고
자신들만의 고유한 어떤 본성을 갖는다고 보았지?

헤르모게네스 그렇죠.

소크라테스 따라서 앞서 우리가 한 말과 일치하려면, 이름을 부
르는 것도 사물들의 이름을 부르고 불리는 본래의 방식과 도구
에 따라 해야지 우리가 원하는 방식으로 해서는 안 되지? 그렇게
하면 우리는 이름을 부르는 데 성공하겠지만, 다른 식으로는 성

30

공할 수 없겠지?

헤르모게네스   그런 것 같습니다.

소크라테스   자, 그러면 무엇인가를 잘라야 할 경우를 생각해 보세. 그것은 어떤 것(도구)을 사용해서 잘라야 한다고 우리는 말하지?

헤르모게네스   그렇습니다.

소크라테스   짜야 하는 것(직물)도 무엇인가를 사용해서 짜야 하지? 구멍을 뚫어야 하는 것도 무엇인가를 사용해서 뚫어야 하고?   e

헤르모게네스   물론입니다.

소크라테스   이름을 불러야 하는 것(사물) 역시 무엇인가를 사용해서 불러야 하지?

헤르모게네스   그렇습니다.   388a

소크라테스   뚫어야 할 경우는 무엇을 사용하지?

헤르모게네스   송곳이요.

소크라테스   짜야 할 경우는 무엇을 사용하지?

헤르모게네스   북[16]이요.

소크라테스   불러야 할 경우는 무엇을 사용하지?

헤르모게네스   이름이요.

소크라테스   잘 대답했네. 그러니까 이름도 일종의 도구인 셈이네.

헤르모게네스   물론입니다.

소크라테스   그럼 만약 내가 "북은 어떤 도구인가?"라고 묻는다면, 대답은 "우리가 베를 짜는 데 쓰는 것"이지?

헤르모게네스 그렇죠.

b 소크라테스 베를 짤 때 우리는 무엇을 하지? 엉켜 있는 날실들
과 씨실을 가르지 않나?

헤르모게네스 그렇죠.

소크라테스 그렇다면 송곳에 대해서도 그리고 그 밖의 도구들에
대해서도 자네는 그런 식으로 말할 수 있겠지?

헤르모게네스 물론입니다.

소크라테스 자네는 이름에 대해서도 그렇게 말할 수 있나? 이름
이 도구라면 우리가 이름을 부를 때 그것으로 무엇을 하지?

헤르모게네스 대답할 수가 없는데요.

소크라테스 우리는 서로에게 무엇인가를 가르치며, 사물들을 그
것들이 어떤 것인가에 따라서 구분하지?[17]

헤르모게네스 물론입니다.

소크라테스 따라서 이름은 일종의 가르치는 도구이자 본질을 가
c 를 수 있는 도구이네. 북이 베의 날실들을 가르는 도구이듯이 말
일세.

헤르모게네스 그렇죠.

소크라테스 북은 베를 짜는 도구지?

헤르모게네스 물론입니다.

소크라테스 따라서 베를 짜는 데 능숙한 사람은 북을 잘 사용

할 터인데, 여기서 '잘'이란 '베 짜기에 능숙하게'를 뜻하네. 그리고 가르치는 데 능숙한 사람은 이름을 잘 사용할 터인데, 여기서 '잘'이란 '가르치는 데 능숙하게'를 뜻하고.

헤르모게네스 그렇죠.

소크라테스 베를 짜는 사람이 북을 사용할 때 누구의 제작물을 잘 사용할까?

헤르모게네스 목공의 제작물이죠.

소크라테스 모든 사람이 목공인가, 아니면 그 기술을 가진 사람인가?

헤르모게네스 그 기술을 가진 사람이죠.

소크라테스 구멍을 뚫는 사람이 송곳을 사용할 때 누구의 제작 물을 잘 사용할까?   d

헤르모게네스 대장장이의 제작물이죠.

소크라테스 모든 사람이 대장장이인가, 아니면 그 기술을 가진 사람인가?

헤르모게네스 그 기술을 가진 사람이죠.

소크라테스 됐네. 그러면 가르치는 사람이 이름을 사용할 때 누구의 제작물을 잘 사용할까?

헤르모게네스 그건 전혀 모르겠는걸요.

소크라테스 자네는 우리가 사용하는 이름들을 누가(무엇이) 우리에게 제공해 주는지 말할 수 있지 않나?

헤르모게네스 정말 모르겠습니다.

소크라테스 자네는 그것을 제공해 주는 것이 규칙[18]이라고 보지 않나?

헤르모게네스 그런 것 같네요.

e 소크라테스 그렇다면 가르치는 사람이 이름을 사용할 때는 입법가가 만든 것을 사용하겠지?

헤르모게네스 그렇다고 생각합니다.

소크라테스 자네가 보기에는 모든 사람이 입법가인가 아니면 그 기술을 가진 사람인가?

헤르모게네스 그 기술을 가진 사람이죠.

소크라테스 따라서 헤르모게네스, 이름을 붙이는 것은 모든 사람이 할 수 있는 일이 아니고 이름을 만드는 자가 할 수 있는 일이네. 바로 이 사람이 입법가이며 제작자들 중에서도 가장 드문 자인 것 같네.

389a

헤르모게네스 그런 것 같군요.

소크라테스 자, 그러면 입법가가 이름을 붙일 때 어디에 주목하는지 살펴보게. 앞의 논의에 비추어 자세히 살펴보게. 목공은 북을 만들 때 어디에 주목하나? 본성상 베를 짜기에 적합하도록 되어 있는 것에 주목하지 않나?

헤르모게네스 물론입니다.

b 소크라테스 어떤가? 그가 만드는 동안에 북이 부서진다면 그는

34

부서진 것을 주목하면서 다른 북을 다시 만들까, 아니면 부서뜨린 그 북을 만들 때 주목했던 저 형상(形相)을 주목할까?

헤르모게네스 저 형상이라고 생각합니다.

소크라테스 그렇다면 우리가 저것을 북인 것 자체라고 불러야 가장 올바르겠지?[19]

헤르모게네스 제가 보기에는 그렇습니다.

소크라테스 그렇다면 옷이 얇든 두껍든, 아마(亞麻)로 된 옷이든 양모로 된 옷이든, 어떤 종류의 옷이든 간에 옷을 짜기 위해 목공이 북을 만들어야 할 때는 언제나, 모든 북은 북의 형상을 가져야겠지? 그래서 목공은 각 종류의 옷에 본성상 가장 적합한 이 성격[20]을 각 제작물[21]에 부여해야겠지?   c

헤르모게네스 그렇죠.

소크라테스 그 밖의 도구들도 같은 방식이네. 장인은 각 제작물[22]에 적합한 본래의 도구를 찾아내 도구를 만들어 내는 재료에다 구현해야 하네. 자신이 원하는 방식이 아니라 본래의 방식으로 말일세. 그러니까 대장장이는 각 제작물에 적합한 본래의 송곳을 철에다 구현할 줄 알아야 한다고 생각하네.

헤르모게네스 물론입니다.

소크라테스 그리고 목공은 각 제작물에 적합한 본래의 북을 목재에 구현해야 하고.

헤르모게네스 그렇죠.

d 소크라테스 왜냐하면 각 종류의 직물에는 본성상 적합한 각각의 북이 있으며, 그 밖의 도구들도 마찬가지인 것 같으니까.

헤르모게네스 그렇습니다.

소크라테스 그렇다면 여보게, 입법가도 각 사물에 적합한 본래의 이름을 음성과 음절에 구현할 줄 알아야 하며, 그가 이름을 붙이는 자로서의 권위를 가지려면 어떤 이름이든 만들고 붙일 때는 이름인 것 자체에 주목해야겠지? 그리고 입법가가 저마다 같은 음절들에 이름을 구현하지 않을 경우는 우리가 이 점을 잊

e 어서는[23] 안 되네. 모든 대장장이가 같은 목적으로 같은 도구를

390a 만들더라도 같은 철에다 구현하는 것은 아니라는 점 말이네. 그러나 그럼에도 불구하고 그가 같은 형상을 부여하는 한, 설령 그가 같은 철에다 형상을 부여하든 다른 철에다 그것을 부여하든, 도구를 여기서 만들든 이민족 사람들의 나라에서 만들든 상관없이, 그것은 제대로 된 도구이네. 그렇지 않나?

헤르모게네스 물론입니다.

소크라테스 그렇다면 자네는 이 나라의 입법가뿐 아니라 이민족 나라의 입법가도 그런 식으로 평가하겠지? 그가 각 사물에 적합한 이름의 형상을 어떤 음절에든 구현하는 한에서는 이 나라의 입법가가 다른 어떤 나라의 입법가 못지않게 훌륭하다고 말일세.

헤르모게네스 물론입니다.

b 소크라테스 그러면 어떤 목재든 거기에 구현된 북의 형상이 적

합한지 아닌지를 아는 사람은 누구지? 그것을 만든 목공인가 아 니면 그것을 사용하는 직조공인가?[24]

헤르모게네스 소크라테스 선생님, 오히려 사용하는 사람인 것 같 습니다.

소크라테스 그러면 뤼라 제작자의 제작물을 사용하는 사람은 누 구지? 제작 과정을 가장 잘 감독할 줄 알고 제작된 것이 잘 되었 는지 아닌지를 알 수 있는 사람 아닌가?

헤르모게네스 물론입니다.

소크라테스 그가 누구지?

헤르모게네스 뤼라 연주자요.

소크라테스 조선공의 제작물에 대해서는 누가 그렇게 하지?

헤르모게네스 조타수(선장)요.

소크라테스 그리고 여기서든 이민족 사람들의 고장에서든 누가 입법가의 일을 가장 잘 감독하고 만들어진 것을 판단할 수 있을 까? 그것을 사용할 사람 아닌가?

헤르모게네스 그렇죠.

소크라테스 그렇다면 질문할 줄 아는 사람이 그런 사람 아닌가?

헤르모게네스 물론입니다.

소크라테스 그 사람은 대답할 줄도 알겠지?

헤르모게네스 그렇죠.

소크라테스 묻고 답할 줄 아는 사람을 자네는 '변증술에 능한 자'

란 이름 말고 다른 이름으로 부르나?

헤르모게네스　아니요, 그렇게 부릅니다.

d　소크라테스　따라서 키를 만드는 것은 목공의 일이지만, 좋은 키가 잘 만들어지려면 조타수(선장)가 그를 감독해야 하네.

헤르모게네스　분명히 그렇죠.

소크라테스　이름을 붙이는 것은 입법가의 일이지만, 이름들이 잘 붙여지려면 변증술에 능한 자를 그의 감독관으로 삼아야 할 것 같네.

헤르모게네스　그렇습니다.

소크라테스　따라서 헤르모게네스, 이름을 붙이는 것은 자네가 생각하는 것처럼 그렇게 하찮은 일이 아닐 뿐더러 하찮은 사람들의 일도 아니고 아무나 하는 일도 아닌 것 같네. 그리고 크라튈로

e　스는 맞는 말을 했네. 이름은 사물들에게 본래 있으며, 누구나 다 이름의 제작자가 아니고 각 사물에 본래 있는 이름을 주목하고 그것의 형상을 자모(字母)와 음절에 구현할 수 있는 사람이 이름을 만드는 자라고 말일세.

헤르모게네스　소크라테스 선생님, 저는 선생님의 주장을 어떻게

391a　반박해야 할지 모르겠습니다. 하지만 이처럼 갑작스레 제 생각을 바꾸기는 쉽지 않은 것 같습니다. 그러나 선생님께서는 이름의 본래적인 올바름을 무엇이라고 주장하는지 제게 밝혀 주신다면 저를 더 확실하게 설득할 수 있을 거라고 생각합니다.

소크라테스 여보게 헤르모게네스, 나는 아무것도 주장하고 있지
않네. 자네는 좀 전에 내가 한 말을 잊었나 보군. 나는 아는 것이
없어서 자네하고 같이 살펴보겠다고 했었지. 그리고 지금 자네와
내가 이 문제를 살펴보는 가운데 이전에 비해서 이 점은 이미 더
분명해졌네. 이름은 본래의 어떤 올바름을 가지고 있으며, 모든   b
사람이 어떤 사물에나 이름을 잘 붙일 줄 아는 것은 아니라는 점
말일세. 그렇지 않나?

헤르모게네스 물론입니다.

소크라테스 그럼 그 다음으로, 자네가 알고 싶다면, 이름의 올바
름이 도대체 무엇인지를 살펴봐야 하네.

헤르모게네스 당연히 알고 싶지요.

소크라테스 그렇다면 살펴보게.

헤르모게네스 어떻게 살펴봐야 되죠?

소크라테스 여보게, 가장 올바른 방법은 이 문제에 관해 알고 있
는 사람들하고 같이 살펴보는 것이네. 물론 그들에게 돈을 지불
하고 감사의 뜻을 표해야겠지.[25] 그들은 소피스트들이네. 자네 형   c
칼리아스[26]도 많은 돈을 지불하고서 그들로부터 지혜롭다는 평판
을 얻었지. 하지만 자네는 아버지의 유산을 물려받지 못했으니까
형에게 이름의 올바름에 관해 가르쳐 달라고 조르고 간청해야 하
네. 그는 프로타고라스에게서 그것을 배웠으니까.

헤르모게네스 하지만 소크라테스 선생님, 제가 간청하는 것은 이

상합니다. 제가 프로타고라스의 "진리"[27]는 전혀 받아들이지 않으면서 그러한 진리가 내세우는 주장을 무슨 가치가 있기라도 한 듯이 반긴다면 말입니다.

d 소크라테스 그게 자네 마음에 들지 않는다면 호메로스나 다른 시인들에게서 배워야 하네.

헤르모게네스 소크라테스 선생님, 호메로스가 이름들에 대해서 무슨 말을 하나요? 그곳이 어디죠?

소크라테스 여러 군데지. 가장 중요하고도 가장 빼어난 곳은 그가 같은 것들에 대해 사람들이 부르는 이름들과 신들이 부르는 이름들을 구별하는 구절들이네. 자네는 그가 그 구절들에서 이름의 올바름에 관해 중요하고도 놀라운 어떤 말을 한다고 생각지 않나? 분명히 신들은 사물들을 본래의 이름으로 올바르게 부

e 르니까[28] 하는 말이네. 자네는 그렇게 생각하지 않나?

헤르모게네스 물론 저도 그들이 이름을 부른다면 올바르게 부른다는 것은 잘 알고 있죠. 그러나 어떤 구절들을 두고 그렇게 말씀하시는 거죠?

소크라테스 자네는 헤파이스토스와 일대일로 싸움을 벌인 적이 있는 트로이아의 강에 대해서 그가 "그것을 신들은 '크산토스'(Xanthos)라고 부르지만 사람들은 '스카만드로스'(Skamandros)라고 부른다"[29]고 말한다는 것을 알지 못하나?

헤르모게네스 저야 알죠.

소크라테스 그렇다면 어떤가? 자네는 저 강을 '스카만드로스'라 392a
고 부르기보다는 '크산토스'라고 부르는 것이 어째서 옳은지를
아는 것은 외경심을 갖게 하는 일이라고 생각지 않나? 자네가 원
한다면, 그가

　신들은 그 새를 '칼키스'(chalkis)라고 부르지만 사람들은 '퀴민디스'
　(kymindis)라고 부른다네.[30]

라고 말하는 새에 대해서 생각해 보게. 이 새를 '퀴민디스'라고
부르는 것보다 '칼키스'라고 부르는 것이 얼마만큼 더 옳은지를
배우는 일이 하찮다고 생각하나? 또는 '바티에이아'(Bathieia)와
'뮈리네'(Myrinē)[31], 그리고 이 시인뿐 아니라 다른 시인들이 말하 b
는 다른 많은 이름들에 대해서도 그렇게 생각하나? 하지만 자네
와 내가 이 이름들에 대한 설명을 찾아내기는 너무 버거운 일인
것 같네. 그보다는 호메로스가 헥토르의 아들의 이름이라고 말
하는 '스카만드리오스'(Skamandrios)와 '아스튀아낙스'(Astyanax)
에 관해서 그가 그 이름들의 올바름을 어떻게 말하는지 살펴보
는 것이 좀 더 인간으로서 가능한 일이고 더 쉬울 거라고 생각하
네. 자네는 틀림없이 내가 말하는 이름들이 들어 있는 그 시구들
을 알고 있을 테니까 말일세.
헤르모게네스 물론입니다.

소크라테스 그럼 자네는 호메로스가 두 이름 중에 어떤 것이 그 아이의 더 올바른 이름으로 생각한다고 보나? '아스튀아낙스'인가 '스카만드리오스'인가?

c 헤르모게네스 대답할 수가 없는데요.

소크라테스 이렇게 살펴보게. 만약 누군가가 자네에게 더 분별 있는 사람들이 이름을 더 올바르게 붙인다고 생각하는지, 아니면 더 무분별한 사람들이 더 올바르게 붙인다고 생각하는지를 묻는다면?

헤르모게네스 분명히 더 분별 있는 사람들이라고 대답할 겁니다.

소크라테스 그러면 전체 부류를 놓고 말할 때 자네가 보기에는 나라 안에서 여자들이 더 분별 있는 자인가, 아니면 남자들이 더 분별 있는 자인가?

헤르모게네스 남자들이죠.

소크라테스 자네는 트로이아인들이 헥토르의 어린 아이를 '아스

d 튀아낙스'라 불렀다고 호메로스가 말한 것[32]을 알고 있지? 그렇다면 남자들이 그를 '아스튀아낙스'로 부른 것이므로 '스카만드리오스'는 여인들이 불렀던 이름임이 분명하지?

헤르모게네스 그런 것 같네요.

소크라테스 그렇다면 호메로스도 트로이아인들을 그들의 여인들보다 더 지혜롭다고 생각한 거지?

헤르모게네스 저는 그렇다고 생각합니다.

소크라테스 따라서 그는 '스카만드리오스'보다는 '아스튀아낙스' 가 그 아이의 더 올바른 이름이라고 생각했던 것이지?

헤르모게네스 그렇게 보이네요.

소크라테스 그러면 그 까닭이 대체 무엇인지 살펴보기로 하세. 그가 직접 우리에게 그 까닭을 아주 훌륭하게 설명해 주고 있지? 그는 이렇게 말하고 있으니까.

그는 혼자 그들의 나라와 긴 성곽을 지켰기 때문이네.[33]   e

이런 이유 때문에 지키는 자의 아들을 —호메로스의 말에 따르 면— 그의 아버지가 지켰던 나라의 '아스튀아낙스'[34]라고 불러야 옳은 것 같네.

헤르모게네스 그런 것 같습니다.

소크라테스 정말인가? 나는 아직 이해 못했네, 헤르모게네스. 자네는 이해한다고?

헤르모게네스 제우스께 맹세컨대 저도 못합니다.

소크라테스 여보게, 그러나 바로 이 호메로스가 헥토르에게도 393a 이름을 붙였지?

헤르모게네스 그래서요?

소크라테스 내가 보기에는 '헥토르'라는 이름이 '아스튀아낙스'와 아주 비슷한 데가 있을 뿐 아니라 이 두 이름이 그리스 이름인

것 같다는 것이네. '아낙스'(anax)와 '헥토르'(hektōr)는 둘 다 왕의
이름이라는 점에서 거의 같은 뜻을 가졌기 때문이지. 어떤 사람
이 어떤 것의 주인(아낙스)이면 분명히 그것의 소유자(헥토르)이

b 기도 할 테니까. 그가 그것을 지배하고 소유하며 가진다는 것은
분명하네. 그렇지 않고 자네가 보기에는 내가 말도 안 되는 소리
를 하고 있으면서도 이름의 올바름에 관해서 호메로스가 가졌던
생각의 무슨 흔적 같은 것을 붙잡았다고 나도 모르게 믿고 있는
것인가?

헤르모게네스 제우스께 맹세컨대 전혀 아닙니다. 제가 보기에 선
생님께서는 아마도 무엇인가를 붙잡으신 것 같습니다.

소크라테스 나는 사자의 새끼는 사자라 부르고 말의 새끼는 말
이라 불러야 마땅하다고 보네. 말에서 말과는 다른, 말하자면 괴

c 물 같은 것이 태어나는 경우가 아니라 본래 그 종의 새끼가 태어
나는 경우를 두고 하는 말일세. 만약 말이 자신의 본성을 거슬러
송아지를 낳는다면 그것을 송아지라 불러야지 망아지라고 불러
서는 안 되지. 사람에게서 사람이 아닌 자손이 태어날 경우에도
그 자손을 사람이라 불러서는 안 되고. 나무도 마찬가지고 다른
것들도 모두 그러하네. 자네는 동의하지 않나?

헤르모게네스 동의합니다.

소크라테스 잘 했네. 내가 자네를 속이지 못하도록 나를 주시하
게. 같은 논리에 따르면 왕에게서 어떤 자손이 태어날 경우에도

그를 왕이라 불러야 하니까 하는 말이네. 그러나 같은 뜻을 이런 d
음절들로 표현하느냐 아니면 저런 음절들로 표현하느냐는 전혀
문제가 되지 않네. 어떤 자모를 보태느냐 아니면 빼느냐도 전혀
문제가 안 되고. 이름을 통해 표현되는 사물의 본질이 지배력을
행사하는 한에서는 말일세.

헤르모게네스 그 말은 무슨 뜻이죠?

소크라테스 복잡한 말이 아니네. 이를테면 우리가 알파벳의 요
소(자모)들을 말할 때, 자네가 알고 있듯이 우리는 E, Υ, Ο, Ω³⁵
를 제외하고는 그것들의 이름을 부르지 요소(자모)들 자체를 부
르지는 않네. 그리고 그 밖의 모음들과 자음들은 우리가 그것들 e
에 다른 자모들을 덧붙여서 이름들을 만들어 부른다는 것을 자
네는 알고 있네. 그러나 원하는 자모를 포함시켜서 그것의 특성
이 표현되도록 이름을 만드는 한에서는, 우리는 그 이름으로 원
하는 자모를 올바르게 부를 수가 있고, 이름은 우리에게 그 자모
를 표현해 줄 것이네. 이를테면 '베타'(bēta)의 경우에, 자네가 알
다시피, 에타(ē)와 타우(t)와 알파(a)가 덧보태지더라도 그것들이
아무런 해가 되지 않네. 그래서 입법가가 표현하고자 했던 그 자
모의 본성을 그 이름 전체로 표현하지 못하는 일은 없네. 그만큼
입법가는 자모들에다 이름들을 잘 붙일 줄 알았던 거라네.

헤르모게네스 맞는 말씀인 것 같습니다.

소크라테스 그렇다면 왕에 대해서도 같은 논리가 적용되겠지? 394a

왕에게서는 왕이 태어날 것이고, 훌륭한 사람에게서는 훌륭한 사람이 태어날 것이며, 아름다운 사람에게서는 아름다운 사람이 태어날 것이고, 다른 모든 것도 그렇게 될 테니까. 괴물이 태어나지 않는다면 각각의 부류에서는 같은 부류의 후손이 태어나겠지. 그렇다면 그것들은 같은 이름으로 불러야 하네. 그러나 음절들은 다양할 수가 있네. 그래서 문외한은 이름들이 실제로는 같은데도 서로 다르다고 생각할 수가 있지. 마치 의사의 약들이 실제로는 같은데도 빛깔과 냄새들이 다양해서 우리에게 달라 보

b 이는 것처럼 말일세. 그러나 의사는 약들의 특성을 살피기 때문에 그에게는 같은 것들로 보이며 덧붙은 것들로 인해 당혹해 하지 않네. 그렇듯이 아마도 이름들에 관해 알고 있는 사람도 그것들의 뜻을 살피는 것 같네. 그래서 그는 어떤 자모가 더해지거나 바뀌거나 빠지더라도, 심지어는 전혀 다른 자모들로 이름의 뜻이 표현되더라도 당혹해 하지 않네. 우리가 방금 말한 '아스튀아낙스'(Astyanax)와 '헥토르'(Hektōr)가 타우(t)를 제외하고는 같

c 은 자모를 전혀 갖고 있지 않은데도 같은 뜻을 갖는 것처럼 말이네. 그리고 '아르케폴리스'(Archepolis)[36]는 어떤 자모들을 이 이름들과 공유하고 있기나 한가? 그럼에도 그것은 같은 것을 표현하네. 그리고 오로지 왕만을 뜻하는 다른 이름들이 많이 있네. 그리고 다른 이름들은 장군을 뜻하네. 이를테면 '아기스'[37], '폴레마르코스'[38], '에우폴레모스'[39]가 그런 이름들이지. 또 다른 이름들

46

은 의사를 뜻하네. 이를테면 '이아트로클레스'[40]와 '아케심브로토스'[41]가 그런 이름들이지. 그리고 음절과 자모는 다르지만 발음될 때 같은 뜻을 나타내는 다른 이름들을 우리가 많이 찾아낼 수 있을 것 같네. 그렇게 생각하지? 아닌가?

헤르모게네스 확실히 그렇습니다.

소크라테스 그렇다면 본성에 맞게 태어난 것들에는 낳은 자들과 같은 이름들을 부여해야 하네.

헤르모게네스 물론입니다.

소크라테스 그러나 본성에 맞지 않게 괴물의 모습으로 태어난 것들에 대해서는 어떤가? 이를테면 훌륭하고 신앙심 깊은 사람에게서 불경스럽고 신앙심 없는 사람이 태어날 경우에, 앞서 말한 사례들 가운데 말(馬)이 송아지를 낳는 경우처럼, 태어나는 자는 낳는 자의 이름을 가져서는 안 되고 그것이 속하는 부류의 이름을 가져야 하지 않나?

헤르모게네스 물론입니다.

소크라테스 그렇다면 신앙심 깊은 사람에게서 태어난 신앙심 없는 사람에게도 그가 속하는 부류의 이름을 부여해야 하네.

헤르모게네스 그렇습니다.

소크라테스 그에게는 '테오필로스'[42]나 '므네시테오스'[43]나 그런 종류의 어떤 이름도 부여해서는 안 되고, 이것들과는 정반대의 뜻을 가진 이름을 부여해야 할 것 같네. 이름들이 올바름을 가지려면 말일세.

헤르모게네스 무엇보다 그래야겠죠, 소크라테스 선생님.

소크라테스 그렇듯이 '오레스테스'[44]도 올바른 이름일 가능성이 있네, 헤르모게네스. 그 이름이 우연히 그에게 붙여졌든 어떤 시인이 붙였든 그 이름을 통해서 그의 본성이 야성적이고 거칠며 산과 관련 있음(oreinos)이 드러나기 때문이지.

395a 헤르모게네스 그런 것 같습니다, 소크라테스 선생님.

소크라테스 그의 아버지도 본성에 맞는 이름을 가졌던 것 같네.

헤르모게네스 그런 것 같습니다.

소크라테스 왜냐하면 아가멤논(Agamemnon)은 덕(탁월함)으로 말미암아 열심히 노력하고 견디면서[45] 마음먹은 일을 끝까지 이루어 낼 수 있는 그런 사람인 것 같으니까. 그의 군대가 트로이

b 아에 장기간 머물며 끈질기게 버텼던 일이 그 증거라네. 그렇다면 '아가멤논'이라는 이름은 이 사람이 참고 견디는 데는 경탄할 만한 자(agathos kata tēn epimonēn)임을 뜻하네. 아마도 '아트레우스'(Atreus)[46] 역시 올바른 이름일 것이네. 그가 크뤼시포스를 살해한 것이나 튀에스테스에게 저지른 잔인한 일들은 모두 덕에는 해롭고 파멸적(atēra)이기 때문이지. 그런데 이름의 뜻이 약간 왜곡되고 가려져 있어서 이름이 그 사람의 본성을 누구에게나 표현해 주지 못하는 것이네. 그렇지만 이름에 관해 잘 아는 사람들에게 '아트레우스'가 무슨 뜻인지를 표현하기에 충분하네. '아

테이레스[47]에서 따왔든, '아트레스톤'[48]에서 따왔든, '아테로스'[49]
에서 따왔든, 어떤 식이든 간에 그의 이름은 올바르게 붙여졌기   c
때문이지. 내가 보기에는 펠롭스[50]에게도 이름이 적절하게 붙여
진 것 같네. 이 이름은 '가까운 것만 보는 자'를 뜻하니까.

헤르모게네스 어떻게 해서 그렇죠?

소크라테스 이를테면 그 사람에 관해 전해지는 이야기로는, 뮈
르틸로스를 살해할 당시에 그는 자신의 종족 전체에 닥칠 장래
의 일, 그러니까 자신의 종족을 덮칠 모든 불행에 대해 아무런   d
예측도 예견도 할 수 없었다고 하네. 그가 어떻게 해서든지 히포
다메이아와 결혼하기를 간절히 원했을 때 그는 가까운 것과 지
금 당장의 것, 즉 가까이(pelas) 있는 것만을 보았기 때문이지. 탄
탈로스(Tantalos)의 이름도, 그에 관한 이야기가 옳다면, 본성에
맞게 올바로 붙여졌다고 누구나 생각할 걸세.

헤르모게네스 그건 어떤 이야기죠?

소크라테스 살아 있는 동안 그는 무시무시한 재난들을 많이 당
했고, 결국 그 재난들로 인해 그의 조국이 완전히 망했으며,
죽어서는 하데스에서 그가 머리 위에 이고 있던 돌의 흔들림
(tantaleia)[51]이 그의 이름과 놀라울 정도로 맞아떨어졌다는 이야
기지. 그야말로 마치 누군가가 그에게 '탈란타토스'[52]라는 이름   e
을 붙이고 싶었지만 그 이름을 감추고 대신에 '탄탈로스'라는 이
름을 붙이고 그렇게 부르기라도 했던 것 같네. 그런 식으로 전

설(傳說)이 우연하게 그런 이름을 그에게 지어 준 것 같단 말일
세. 그의 아버지는 제우스였다고 하는데, 제우스의 이름도 아주
잘 붙여졌다고 생각되지만 그것을 이해하기는 쉽지 않네. 제우
스의 이름은 말 그대로 하나의 문구와 같은데, 그것을 우리는 두
부분으로 나누어서 어떤 사람들은 한쪽을 사용하고 다른 사람들
은 다른 쪽을 사용하고 있기 때문이네. 한편은 '제나'(Zēna)라고
부르고, 다른 편은 '디아'(Dia)[53]라고 부르니까. 그러나 이 둘은 하
나로 합쳐져서 이 신의 본성을 표현하네. 바로 그런 일을 이름
이 해낼 수 있어야 한다고 우리는 말했지. 모든 것의 왕이자 모
든 것을 다스리는 자보다 더 삶(zēn)의 원인이 되는 자는 우리에
게도 없고 다른 어느 누구에게도 없으니까. 그렇다면 모든 생물
들에게 언제나 삶의 원인(di' hon zēn)이 되는 이 신의 이름은 올
바르게 붙여진 셈이네. 그러나 내가 말했듯이 그의 이름은 하나
인데도 '디아'와 '제나' 둘로 나뉘어 있네. 제우스가 크로노스의
아들이라는 말은 얼핏 들으면 무례하게 여겨지겠지만, 제우스
가 어떤 위대한 사유의 자손이라는 말은 합당하게 여겨질 것이
네. 왜냐하면 '크로노스'(Kronos)란 이름은 '아이'나 '포만'이란 의
미가 아니라 그의 지성의 순수함과 정결함이란 의미의 '코로스'
(koros)를 뜻하기 때문이지.[54] 그리고 사람들의 이야기에 따르면
크로노스는 우라노스의 아들인데, '위에 있는 것에 주목함'에 '우
라니아'(ourania)라는 이름을 붙이는 것이 옳다네. '우라니아'는

위에 있는 것을 본다(horōsa ta anō)는 뜻이니까. 그 결과로 순수
한 지성(nous)이 생기는 것이며, 그래서 우라노스의 이름은 올바
르게 붙여진 거라고 천문학자들도 말한다네, 헤르모게네스. 내
가 헤시오도스의 계보를, 그러니까 이 신들보다 훨씬 앞선 선조
들을 기억할 수가 있다면 그들의 이름이 얼마나 올바르게 붙여
졌는지 검토하는 일을 멈추지 않을 텐데. 방금 갑자기 이렇게 나   d
에게 주어져서, 어디서 왔는지 모르는 이 지혜를 상대로, 그것이
나를 어떻게 할지, 혹시 나를 거부할지 않을지를 충분히 시험해
볼 때까지 말일세.

헤르모게네스 소크라테스 선생님, 정말이지 제가 보기에 선생님
께서는 영락없이 갑작스레 영감을 받은 예언가들처럼 말씀하시
는군요.

소크라테스 그렇다네, 헤르모게네스. 그것이 갑작스럽게 내게 주
어진 것은 무엇보다도 프로스팔타 사람인 에우튀프론 탓이라고
생각하네. 새벽에 나는 그와 한동안 같이하며 그의 말에 귀를 기
울이고 있었거든. 그는 영감을 받고는 나의 귀를 신성한 지혜[55]
로 채웠을 뿐 아니라 나의 혼을 사로잡기까지 했던 것 같네. 그
래서 내 생각에는 우리가 이렇게 해야 할 것 같네. 오늘은 우리   e
가 이 지혜를 이용해서 이름들에 관한 나머지 것들을 살펴보겠
지만, 내일은 자네들이 동의한다면 이 지혜를 내쫓아 버리고 우
리 자신을 정화할 참이네. 사제든 소피스트이든 누구라도 그런   397a

것을 솜씨 있게 정화할 수 있는 사람을 우리가 만나기만 한다면 말일세.

헤르모게네스 저는 동의합니다. 이름들에 관한 나머지 것들을 몹시 듣고 싶으니까요.

소크라테스 그럼 그렇게 해야겠군. 윤곽 정도는 우리가 잡았으니까, 어떤 이름부터 고찰을 시작하는 것이 좋겠나? 이름들은 제각기 아무렇게나 붙여지는 것이 아니고 저마다 어떤 올바름을 갖는다는 것을 이름들 스스로가 우리에게 과연 증언해 줄 것

b 인지를 알아내려면 말이네. 그런데 영웅들과 사람들의 이름으로 불리는 것들은 어쩌면 우리를 속일지도 모르네. 처음에 우리가 말했듯이,[56] 그 이름들 다수가 선조들의 이름을 따서 붙여진 것인데다 어떤 이름들은 전혀 적합하지도 않기 때문이지. 그리고 많은 이름들이 기원을 담아 붙여지기 때문이기도 하네. 이를테면 '에우튀키데스'[57]나 '소시아스'[58]나 '테오필로스'[59]나 다른 많은 이름들이 그렇다네. 이런 이름들은 제쳐 놓아야 한다고 생각하네. 그러나 본성상 언제나 있는 것들[60]에서 올바르게 붙여진 이름을 찾아낼 가능성이 가장 큰 것 같네. 이것들의 이름에 우리

c 가 최대한 주의를 기울이는 것이 적절할 뿐더러 그 이름들 가운데 어떤 것들은 아마도 인간의 힘보다 더 신적인 힘에 의해서 붙여졌을 테니까 말일세.

헤르모게네스 맞는 말씀이라고 생각합니다, 소크라테스 선생님.

소크라테스 그렇다면 신들(theoi)에서부터 시작해서 '테오이' (theoi)라는 이 이름이 어떻게 해서 올바르게 붙여졌는지 살펴봐 야 마땅하지 않겠나?

헤르모게네스 그렇겠군요.

소크라테스 나로서는 다음과 같지 않을까 생각하네. 그리스에 거주한 최초의 사람들은 요즘에도 많은 이민족 사람들이 믿고 있는 신들인 해, 달, 땅, 별, 그리고 하늘만을 믿었던 것으로 보이네. 그들은 그것들이 모두 늘 궤도에서 움직이며(나아가며) 달리는(theonta) 것을 보고, 달린다(thein)는 이 본성 때문에 그것들을 '테오이'(theoi)라고 불렀던 것 같네. 그리고 나중에 그 밖에 다른 신들을 알게 되자 바로 그들 모두를 이 이름으로 불렀던 것 같고. 내 말이 그럴듯한가? 아니면 전혀 아닌가?

헤르모게네스 아주 그럴듯합니다.

소크라테스 그러면 다음으로 무엇을 살펴볼까?

헤르모게네스 그야 분명히 신령들(daimones)[61], 영웅들, 그리고 인간들이죠.[62]

소크라테스 정말이지 헤르모게네스, '다이모네스'(daimones)라는 이름은 대체 무엇을 뜻할까? 자네는 내가 하려는 말이 일리가 있다고 생각하는지 살펴보게.

헤르모게네스 말씀해 주시죠.

소크라테스 자네는 헤시오도스가 신령들을 무엇이라고 말하는지 알고 있나?

헤르모게네스   모릅니다.

소크라테스   그가 최초의 인간 종족은 황금족이라고 말한 것도 모르고?

헤르모게네스   그건 알고 있죠.

소크라테스   게다가 그는 그 종족에 대해 이렇게 말하네.

하지만 이 종족이 운명에 따라 자취를 감춘 후,

398a   그들은 지하의 성스럽고 고귀한 신령들로 불리며,

해악을 막아 주고 사멸하는 인간들을 수호하는 자들로 불린다네.[63]

헤르모게네스   그래서요?

소크라테스   나는 그가 황금족이 본래 황금으로 되어 있다는 말을 하고 있는 것이 아니라, 황금족이 훌륭하고도 빼어나다는 말을 하고 있다고 생각하네. 그 증거는, 내가 보기에, 그가 그렇게 말한 다음에 우리를 철의 종족이라고도 말한다는 것이지.

헤르모게네스   맞는 말씀입니다.

소크라테스   그러니까 요즘 사람들 중에서도 훌륭한 사람이 있다

b   면, 자네 생각에는 헤시오도스가 그를 저 황금족에 속하는 자라고 말할 것 같지 않나?

헤르모게네스   그럴 것 같습니다.

소크라테스 그런데 훌륭한 사람들은 분별 있는 자들이지?

헤르모게네스 분별 있는 자들이죠.

소크라테스 그렇다면 내가 보기에 헤시오도스는 무엇보다도 이런 뜻으로 신령들을 언급하고 있는 것 같네. 그는 그들이 분별 있는 자들, 즉 앎을 가진 자들(daēmones)이었기 때문에 그들을 '다이모네스'(daimones)라고 불렀다는 뜻으로 말이네. 우리의 옛 아티케 방언에도 이 이름이 나오지. 그렇다면 헤시오도스뿐만 아니라 다른 여러 시인들이 제대로 말하고 있는 거라네. 훌륭한 사람은 죽어서 커다란 몫과 영예를 얻게 되고 신령이 되는 데, '신령'은 분별에 어울리는 이름이라고 말일세. 따라서 훌륭한 사람은 모두 살아서나 죽어서나 신령한 존재이며, 그래서 '신령'(daimōn)으로 불러야 옳다고 나 역시 그렇게 생각하네. c

헤르모게네스 소크라테스 선생님, 이 이름에 대해서는 제 생각도 선생님과 전적으로 일치하는 것 같습니다. 그러면 '영웅'(hērōs)이라는 이름은 어떻습니까?

소크라테스 그건 이해하기가 그다지 어렵지 않네. 이 이름은 조금 변형됐을 뿐이고, 영웅들이 사랑(erōs)으로부터 태어났음을 나타내고 있으니까.

헤르모게네스 무슨 뜻이죠?

소크라테스 영웅들(hērōes)이 반신(半神)이라는 것은 자네가 알고 있지 않나?

헤르모게네스 그래서요?

d 소크라테스 분명히 그들 모두는 남신이 가사자인 여인을 사랑하거나 가사자인 남자가 여신을 사랑한 나머지 태어났던 것 같네. 자네가 '영웅'의 이름도 옛 아티케 방언[64]에 비추어 살펴본다면 더 잘 알게 될 걸세. 영웅의 이름(hērōs)은 사랑의 이름(erōs)에서 조금 변형된 형태임이 자네한테 분명해질 테니까. 바로 사랑에서 영웅들이 태어났다네. 그들이 '영웅들'이라 불리는 것은 이런 이유 때문이었거나, 아니면 영웅들은 질문(erōtan)하는 데 능숙한 지혜로운 자이자 능란한 연설가이고 변증술에 능한 자들이었기 때문이네. '에이레인'(eirein)은 '레게인'(legein)[65]과 같은 말이

e 니까. 그렇다면 방금 우리가 말했듯이 아티케 방언에서 영웅들은 일종의 연설가이자 질문에 능한 자들인 셈이며, 따라서 영웅족은 연설가들과 소피스트들의 부류임이 드러났네. 이것을 이해하기는 어렵지 않다네. 그보다는 '사람들'(anthropoi)은 대체 어떤 이유로 '안트로포이'라고 불리는지 자네가 말해 줄 수 있나?

헤르모게네스 아니 선생님, 제가 어떻게 말할 수 있겠습니까? 설령 제가 이유를 찾아낼 수 있다 해도 온 힘을 쏟지는 않을 겁니다. 저보다는 선생님께서 더 확실하게 찾아내실 거라고 생각하니까요.

399a 소크라테스 자네는 에우튀프론의 영감을 믿는 것 같군.

헤르모게네스 믿고말고요.

56

소크라테스 자네가 제대로 믿고 있군 그래. 방금 내게 멋진 생각이 떠올랐으니까. 그래서 내가 조심하지 않으면 오늘 중으로 도를 넘어 훨씬 더 지혜로워질지도 모르겠네. 그러니까 내가 하는 말에 주의를 기울이게. 먼저 이름들에 대해 우리는 이런 점을 명심해야 하네. 우리가 원하는 말에서 따와 이름을 붙이려고 할 때 우리는 종종 자모들을 삽입하는가 하면, 빼기도 하고 또 악센트를 바꾸기도 한다는 점을 말일세. 이를테면 '디이 필로스(Dii philos)'⁶⁶의 경우에, 이것을 구(句)에서 이름으로 되게 하기 위해서 우리는 두 번째 이오타(i)를 거기서 빼고 가운데 음절을 강한 b 악센트 대신에 부드러운 악센트로 발음했네(Diphilos).⁶⁷ 다른 사례들의 경우는 이와 반대로 우리는 자모를 삽입하고 부드러운 악센트를 강한 악센트로 발음하네.

헤르모게네스 맞는 말씀입니다.

소크라테스 그래서 내가 보기에 '안트로포이'(anthrōphoi)라는 이름도 이런 변화들 가운데 하나를 겪은 것 같네. 그것이 구(句)에서 이름으로 바뀐 것은 자모 알파(a) 하나가 빠지고 마지막 악센트가 부드러운 악센트로 되었을 때이네.

헤르모게네스 무슨 뜻이죠?

소크라테스 이런 뜻이네. '안트로포스'(anthrōpos)라는 이 이름 c 은, 다른 짐승들은 모두 보는 것들에 대해서 전혀 살피지도 않고 헤아리지도 않고 자세히 관찰하지도 않지만 사람은 보자마

자, 즉 '오포페'(opōpe)와 동시에, 본 것(opōpen)을 자세히 관찰하기도(anathrei) 하고 헤아리기도 한다는 뜻을 가지고 있네. 이런 까닭에 짐승들 중에서 사람만이 '안트로포스'라 불리는 것은 옳은 일이지. 사람만이 본 것을 자세히 관찰하니까(anathrōn ha opōte).

헤르모게네스 그러면 그 다음 이름은 뭐죠? 제가 설명을 듣고 싶은 이름을 선생님께 질문할까요?

소크라테스 물론이네.

d 헤르모게네스 그러니까 방금 살펴본 것들 다음에 이어지는 무엇인가가 있는 것 같다는 거죠. 우리가 '혼'(psychē)이라 부르고 '몸'(sōma)이라 부르는 것은 사람에게 속하는 것의 일종이니까요.

소크라테스 왜 아니겠나?

헤르모게네스 그러면 우리가 이 이름들에 대해서도 앞의 이름들처럼 분석해 보도록 하죠.

소크라테스 자네 말은 '혼'이라는 이름이 얼마나 적절하게 붙여졌는지 혼을 먼저 살펴보고, 그 다음에 다시 몸을 살펴봐야 한다는 뜻이지?

헤르모게네스 그렇죠.

소크라테스 즉흥적으로 설명하자면, 나는 '혼'이라고 이름을 붙인 사람들이 이런 생각을 했을 거라고 보네. 몸과 함께 있을 때

e 혼은 몸이 삶을 영위하게 하는 원인이라는 생각 말이네. 그들은

그것이 숨 쉬는 능력과 새로운 활력을 갖게 한다(anapsychon)고 믿기 때문이지. 그러나 새로운 활력을 갖게 하는 작용이 멈추는 순간 몸은 망가져서 죽는다는 것이네. 내가 보기에는 이런 이유 때문에 그들이 그것을 '프쉬케'(psychē)라고 부르는 것 같네. 하지만 자네가 괜찮다면 가만히 있어 보게. 에우튀프론을 따르는 400a 사람들에게 이보다 더 설득력 있는 설명을 내가 찾은 것 같으니까. 그들은 이 설명을 얕잡아 보며 조잡하다고 생각하는 것 같거든. 다음의 설명이 자네 마음에도 드는지 살펴보게.

헤르모게네스　말씀해 주시죠.

소크라테스　자네는 몸이 살아 있고 돌아다닐 수 있도록 몸 전체의 본성을 유지하고 운반하는 것이 혼 아닌 다른 무엇이라고 생각하나?

헤르모게네스　다른 어떤 것도 아니죠.

소크라테스　어떤가? 자네는 아낙사고라스[68]를 따라 다른 모든 것들의 본성에 질서를 갖게 하고 유지하는 것 역시 지성이나 혼이라고 믿지 않나?

헤르모게네스　믿죠.

소크라테스　따라서 본성(physis)을 운반하고(ochei) 유지하는 b (echei) 이 능력에는 '퓌세케'(physechē)라는 이름이 적절할 것이네. 그러나 이것이 세련되게 다듬어져서 '프쉬케'(psychē)라고 발음될 수가 있네.

헤르모게네스 정말 그렇습니다. 제가 보기에도 이 설명이 이전 것보다 더 기술적(技術的)인 것 같습니다.

소크라테스 물론이지. 그렇기는 하지만 이름을 붙였던 대로 실제로 그렇게[69] 부른다면 우스꽝스러울 것 같네.

헤르모게네스 그러면 그 다음 것은 우리가 어떻게 설명하면 될까요?

소크라테스 몸(sōma) 말인가?

헤르모게네스 그렇습니다.

소크라테스 이 이름은 여러 가지로 설명할 수 있을 거라고 생각하네. 물론 이것을 약간 변형시킨다면 그 이상으로 가능할 테고. 실제로 어떤 사람들은 현생(現生)에서 혼이 그 속에 매장되어 있다고 생각해서 그것을 혼의 '무덤'(sēma)이라고 말하네. 그런가하면 혼은 자신이 표시하고자 하는 것은 무엇이든지 몸을 통해서 표시하기 때문에 몸을 '표지'(sēma)라고 불러야 옳다고 말하는 사람들도 있지. 그러나 나는 오르페우스를 따르는 사람들이 이 이름을 붙였을 가능성이 가장 크다고 보네. 그들은 혼이 벌을 받을 일로 인해 벌을 받고 있으며, 몸은 혼이 자신을 보존하기(sōizētai) 위해 갖는 감옥을 닮은 울타리라고 믿기 때문이지. 그래서 혼이 빚을 다 갚을 때까지 몸은, 이름 자체가 표현해 주듯이, 혼의 '감옥'(sōma)이며, 거기서 한 자(字)라도 절대 바꾸어서는 안 된다고 그들은 믿는다네.

헤르모게네스 이 이름들에 대해서는 충분히 살펴본 것 같습니다,   d
소크라테스 선생님. 하지만 우리가 조금 전에 제우스의 이름에
대해 말했던 것과 같은 방식으로 신들의 이름들에 대해 그것들
이 대체 어떤 올바름에 따라 붙여졌는지 살펴볼 수 있을까요?

소크라테스 제우스께 맹세컨대, 물론이지 헤르모게네스. 가장
좋은 한 가지 방법은, 신들에 관해서는, 신들 자신이든 신들이
서로를 부르는 이름들이든 ―그들은 참된 이름으로 서로를 부른
다는 것은 분명하니까― 우리가 지각 있는 자라면, 아무것도 모
른다는 사실을 인정하는 것이네. 그러나 이름의 올바름에 관한   e
차선의 방법은, 우리가 기도할 때 그렇게 하는 관습이 있듯이, 어
떤 이름으로든 그리고 어디서 따와서 부르든 신들이 기뻐하는 이
름으로[70] 우리도 신들을 부르는 방법이네. 다른 것은 우리가 전혀
모르니까. 나는 이것이 훌륭한 관습이라고 생각하네. 그러니까   401a
자네가 괜찮다면 신들께 먼저 이런 말씀을 고하고 살펴보기로 하
세. "저희는 신들에 관해서는 아무것도 살펴보지 않겠습니다. 살
펴볼 능력이 없다고 생각하니까요. 다만 사람들에 관해서 그들이
대체 어떤 생각을 가지고 신들께 이름을 붙였는지 살펴보겠습니
다"라고. 이건 신들의 노여움을 살 일이 아니니까 말일세.

헤르모게네스 적절한 말씀인 것 같습니다, 소크라테스 선생님. 그
럼 그렇게 하기로 하죠.

소크라테스 그러면 관습에 따라 헤스티아(Hestia)부터 시작해야겠   b

지?[71]

헤르모게네스 마땅히 그래야죠.

소크라테스 '헤스티아'라는 이름을 붙인 사람은 어떤 생각에서 그런 이름을 붙였다고 말할 수 있을까?

헤르모게네스 제우스께 맹세컨대, 그건 대답하기가 쉽지 않다고 생각합니다.

소크라테스 여보게 헤르모게네스, 어쨌든 최초로 이름을 붙인 사람들은 하찮은 사람들이 아니라 고매한 사색가들이자 말재간이 좋은 사람들일 것 같네.[72]

헤르모게네스 그래서요?

소크라테스 이름은 분명히 이런 사람들이 붙였을 거라는 생각이

c 드네. 그래서 우리가 외국 이름들[73]을 살펴보는 경우에도 각 이름이 무엇을 뜻하는지 알아내기는 마찬가지로 쉬울 걸세. 이를테면 이곳 아티케에서 우리가 '우시아'(ousia)라 부르는 것을 어떤 사람들은 '에시아'(essia)라 부르고, 어떤 사람들은 '오시아'(ōsia)라고 부르네. 우선 이 중 두 번째 이름('에시아')에 따르자면 사물들의 본질(ousia)은 '헤스티아'(Hestia)라고 불러야 이치에 맞네. 게다가 우리는 본질(ousia)에 관여하는 것[74]을 두고 '있다'(estin)라고 말하므로 이런 이유에서도 본질을 '헤스티아'(Hestia)라 부르는 것이 옳겠지. 사실 우리도 예전에는 본질을 '에시아'(essia)라고 불렀던 것 같네. 더 나아가 신께 드리는 제사와 관련지어 생각해 봐도 이름을

붙인 사람들이 그런 뜻으로 붙였을 거라는 생각이 들 걸세. 모든   d
것의 본질을 '에시아'라고 불렀던 사람들은 당연히 다른 모든 신
보다 먼저 헤스티아께 제사를 지냈을 테니까. 그런가 하면 '오시
아'(ōsia)라고 불렀던 사람들은, 헤라클레이토스와 거의 같은 생각
에서, 있는 것들은 모두 움직이며 아무것도 머물러 있지 않다고
믿었을 것이네. 그래서 있는 것들의 원인이자 시작하게 하는 것[75]
은 추진력(ōthoun)이며, 따라서 그것을 '오시아'(ōsia)라는 이름으
로 부르는 것이 옳다고 생각했을 테지. 우리는 아는 것이 거의 없
으니까 이 이름에 대한 설명은 이 정도로 해 두세. 헤스티아 다   e
음으로는 레아(Rhea)와 크로노스(Kronos)를 살펴보는 것이 마땅
하네. '크로노스'라는 이름은 이미 살펴보았지만 말일세. 그런데
어쩌면 내가 터무니없는 이야기를 하는 것인지도 모르겠네.

헤르모게네스 무슨 말씀이죠, 소크라테스 선생님?

소크라테스 여보게, 한 무리의 어떤 지혜를 염두에 두고 하는 말
이네.

헤르모게네스 그게 어떤 것이죠?

소크라테스 아주 불합리하게 여겨지기는 해도 내가 보기에 어떤   402a
점에서는 설득력이 있는 것이라네.

헤르모게네스 어떤 점에서 그렇죠?

소크라테스 내 생각에는 헤라클레이토스가 말하는 일단의 지혜
는 아주 오래된, 그야말로 크로노스와 레아 시대의 것으로 호메

로스도 말했던 지혜라고 나는 알고 있네.

헤르모게네스   무얼 말씀하시려는 거죠?

소크라테스   어딘가에서 헤라클레이토스는 "모든 것은 나아가며 아무것도 머물러 있지 않다"고 말하네. 그리고 '있는 것들'을 강의 흐름에 비유해서 "그대는 같은 강에 두 번 발을 들여놓을 수 없다"[76]는 말도 하지.

헤르모게네스   그렇습니다.

b 소크라테스   그렇다면 어떤가? 자네는 다른 신들의 선조들에게 '레아'와 '크로노스'[77]라는 이름을 붙인 사람이 헤라클레이토스와는 아주 다른 생각을 했을 거라고 보나? 그가 두 신 모두에게 흐르는 것들(rheumata)의 이름을 붙인 것이 우연이라고 생각하나? 마찬가지로 호메로스도 오케아노스를 "신들의 기원"이라고, 그리고 테튀스를 "신들의 어머니"라고 말하지.[78] 헤시오도스 역시 그렇게 말한다고 생각하네. 오르페우스.[79] 또한 어딘가에서 이렇게 말하지.

유려하게 흐르는 오케아노스는 결혼을 한 최초의 신이었네.

c   그는 같은 어머니에서 난 누이 테튀스를 아내로 맞아들였네.

이런 말들이 서로 일치할 뿐 아니라 모두 헤라클레이토스의 견해로 기운다는 데 주목하게.

64

헤르모게네스 일리 있는 말씀인 것 같습니다, 소크라테스 선생님. 하지만 '테튀스'(Tēthys)라는 이름은 무얼 뜻하는지 모르겠습니다.

소크라테스 그렇지만 분명히 이 이름 자체가 그것이 '샘'의 감추어진 이름이라는 것을 거의 말해 주고 있네. 체로 쳐짐(diattōmenon)과 걸러짐(ēthoumenon)은 샘을 묘사하는 말인데, 'd 테튀스'는 이 두 이름이 합쳐진 이름이니까.

헤르모게네스 그거 참 절묘하군요, 소크라테스 선생님.

소크라테스 물론이지, 여부가 있겠나. 그럼 그 다음 이름은 뭐지? 제우스(Zeus)에 대해서는 우리가 이미 말했네.

헤르모게네스 그렇습니다.

소크라테스 그렇다면 그의 형제들인 포세이돈과 플루톤, 그리고 사람들이 부르는 플루톤의 다른 이름에 대해 말하기로 하세.

헤르모게네스 당연히 그래야지요.

소크라테스 내가 보기에 포세이돈의 이름을 최초로 붙인 사람이 그렇게 이름을 붙인 이유는 바다의 본성(힘)이 그를 걸어가지 못 e 하게 막아서 더 이상 나아가는 것을 허락하지 않고, 그에게 마치 발들의 족쇄[80]처럼 작용했기 때문이네. 그래서 그는 이 힘을 다스리는 신을 '발의 족쇄'(posidesmon)라고 생각해서 '포세이돈'(Poseidōn)이라 불렀던 것이네. 아마도 엡실론(e)은 발음을 좋게 하기 위해 삽입된 것 같네. 그러나 어쩌면 이런 뜻이 아닐 수도

403a 있네. 처음에 시그마(s) 대신에 두개의 람다(l)가 있었을지도 모
르지. 신은 많은 것들을 알고 있다(polla eidōn)는 이유에서 말일
세. 그런가 하면 아마도 이 신은 땅을 흔들기(seiein) 때문에 '흔
드는 자'(ho seiōn)라는 이름을 갖게 되었을 수도 있네. 피(p)와
델타(d)는 덧붙여진 것이고. '플루톤'(Ploutōn)의 경우, 이 이름은
부(富, ploutos)의 증여와 관련이 있네. 부는 땅 아래에서 나오니
까.[81] 그리고 '하데스'(Haidēs)의 경우, 내가 보기에 많은 사람들
은 이 이름이 보이지 않는 것(aides)[82]을 표현한다고 믿고 이 이름
을 두려워하면서 그를 '플루톤'이라 부르는 것 같네.

b 헤르모게네스 선생님께서는 어떻게 생각하시는지요, 소크라테스
선생님?

소크라테스 내가 보기에는 인간들이 이 신의 힘에 대해서 여러
모로 잘못된 생각을 가지고 있고, 그래서 쓸데없이 그를 두려워
하는 것 같네. 우리는 누구라도 일단 죽고 나면 그곳에 영원히
머문다는 것과, 혼이 육신을 벗은 채로 그에게로 간다는 것이 두
려움을 갖게 한다네. 그러나 나는 이 모든 사실을 포함해서 이
신이 하는 일과 이 신의 이름은 같은 것을 가리킨다고 생각하네.

헤르모게네스 무슨 뜻이죠?

c 소크라테스 내 생각을 자네에게 말할 테니 대답해 보게. 무엇이
든 살아 있는 것을, 그곳이 어디든 머물도록 묶어 놓는 족쇄로는
어느 쪽이 더 강한가? 강제인가 아니면 욕망인가?

66

헤르모게네스   욕망이 훨씬 강하죠, 소크라테스 선생님.

소크라테스   그렇다면 자네는 많은 사람들이 하데스에게서 달아
날 거라고 생각하지 않나? 그가 그곳으로 가는 사람들을 가장 강
한 족쇄로 묶지 않는다면 말이네.

헤르모게네스   분명히 그렇죠.

소크라테스   따라서 가장 강한 족쇄로 그들을 묶어야 한다면 강   d
제가 아니라 어떤 욕망을 가지고 묶어야 할 것 같네.

헤르모게네스   그렇겠죠.

소크라테스   욕망들은 여럿이지?

헤르모게네스   그렇습니다.

소크라테스   따라서 가장 강한 족쇄로 그들을 속박하려면 욕망들
가운데서도 가장 강한 것으로 그들을 묶어야 하네.

헤르모게네스   그렇죠.

소크라테스   누군가와 같이 있으면 그로 인해 자신이 더 훌륭해질
거라고 생각할 때의 욕망보다 더 큰 어떤 욕망이 있나?

헤르모게네스   제우스께 맹세컨대 없죠, 소크라테스 선생님.

소크라테스   그렇다면 헤르모게네스, 이런 이유 때문에 아무도,
심지어 세이렌들[83]조차도 저승을 떠나 이승으로 오려 하지 않는
것이며, 세이렌들을 비롯해서 다른 모든 이들이 하데스[84]의 매력   e
에 빠져 있는 거라고 말하도록 하세. 하데스는 그만큼 아름다운
(훌륭한) 어떤 말을 할 줄 아는 것 같네. 따라서 이 설명에 따르

면 이 신은 완벽한 소피스트이며 자신과 함께 있는 자들의 대단한 후원자이네. 그는 이승 사람들에게도 좋은 것들을 아주 많이 올려 보내 준다네. 그곳에는 그를 에워싸는 부(富)가 그만큼 많이 있으며, 그 때문에 '플루톤'이라는 이름을 갖게 되었네. 다른 한편, 그는 인간들이 몸을 가지고 있을 동안에는 그들과 같이 있으려 하지 않지만, 몸과 연루된 모든 나쁜 것과 욕망으로부터 그들의 혼이 깨끗해졌을 때 같이 있으려 하는데, 이런 점은 그의 철학자다운 면모라고 생각하지 않나? 또한 이런 점은 인간들의 혼이 깨끗해졌을 때는 덕에 대한 욕망으로 족쇄를 채워 그들을 붙잡아 둘 수 있지만, 몸의 흥분과 광기를 가지고 있을 때는 그의 아버지인 크로노스[85]조차도 그들을 잘 알려진 그의 족쇄들로 채워서 자신과 함께 묶어둘 수 없을 거라는 점을 잘 이해하고 있는 자의 면모라고 생각하지 않나?

헤르모게네스 일리 있는 말씀인 것 같습니다, 소크라테스 선생님.

소크라테스 헤르모게네스, 그리고 '하데스'(Haidēs)는 '아이데스'[86]에서 나온 이름이기는커녕, 오히려 그가 모든 아름다운(훌륭한) 것을 알고 있다(eidenai)는 데서 붙여진 이름이며, 바로 그런 이유로 입법가가 그를 '하데스'라고 불렀을 가능성이 훨씬 크네.

헤르모게네스 좋습니다. 그럼 데메테르, 헤라, 아폴론, 아테나, 헤파이스토스, 아레스, 그리고 그 밖의 다른 신들은 어떻습니까? 그들에 대해서는 우리가 어떻게 말해야 하죠?

소크라테스 데메테르는 어머니(metēr)처럼 먹을거리를 주기 때문에 '데메테르'(Dēmētēr)라고 불리는 것 같네. 그런가 하면 헤라(Hera)는 사랑스러운(eratē) 여신이네. 그래서 제우스가 그녀를 사랑한 나머지 아내로 취했다는 이야기도 있지.[87] 하지만 입법가는 천문학자[88]이기에 '아에르'(aēr)의 첫 자(a)를 끝에다 놓아서 공기(aēr)라는 뜻은 감추고 그녀를 '헤라'(Hera)라고 불렀을 수도 있네. '헤라'라는 이름을 여러 번 되풀이해서 말해 보면 그렇다는 것을 자네가 알 수 있을 걸세. 한편 '페레파타'(Pherrephatta)의 경우, 많은 사람들이 '아폴론'과 마찬가지로 이 이름도 두려워하는데, 이름들의 올바름에 대해 무지하기 때문에 그런 것 같네. 그들은 '페레파타'를 '페르세포네'(phersephonē)로 바꾸어 놓고 살펴보기 때문에 그것을 무시무시한 이름으로 여기는 거라네.[89] 그러나 '페레파타'는 그 여신이 지혜롭다는 것을 나타내네. 사물들은 움직이므로 그것들을 붙잡고(ephaptomenon) 접촉하며(epaphōn) 뒤쫓을(epakolouthein) 수 있는 능력이 곧 지혜(sophia)이기 때문이지. 그렇다면 이 여신은 그녀의 지혜, 즉 움직이는 것과 접촉하는 능력(epaphē tou phereomenou) 때문에 '페레파파'(pherepapha)나 이런 종류의 어떤 이름으로 불러야 옳을 것이네. 지혜로운 하데스가 그녀와 함께 있는 것도 그녀가 그토록 지혜롭기 때문이지. 그러나 실은 사람들이 진리보다는 발음의 편의[90]를 더 중요시해서 이름을 변형시켰고, 그래서 그녀를

e   '페레파타'라고 부르는 것이네. 아폴(Apollōn)론의 경우도 내가 말한 그대로네. 많은 사람들은 이 신의 이름에 대해 두려움을 느낀다네. 그것이 뭔가 무시무시한 것을 나타낸다고 생각하기 때문이지.[91] 자네는 그렇게 느끼지 않았나?

헤르모게네스   물론이죠. 선생님 말씀이 맞습니다.

소크라테스   하지만 내가 보기에 그 이름은 이 신의 능력에 걸맞게 아주 잘 붙여진 것 같네.

헤르모게네스   어떻게 그렇죠?

405a   소크라테스   그 이름에 대한 내 나름의 생각을 말해 보겠네. 단일 이름으로서는 그 이름보다 이 신의 네 가지 능력과 더 잘 어울릴 수 있는 이름은 없네. 그 이름은 이 모든 능력과 결부되어 있으면서 시가(詩歌), 예언술, 의술, 궁술을 어떤 식으로든 표현하고 있네.[92]

헤르모게네스   그 이름이 좀 유별나다는 말씀이신데, 설명을 해 주시죠.

소크라테스   시가의 신에게 맞는 이름이니까 당연히 조화로운 이

b   름이지. 우선 의술과 예언술에서의 사출(射出)[93]과 정화 의식, 의술적 약이나 주술적 약을 이용한 훈증요법들, 이런 조처 과정에서 이루어지는 씻기와 뿌리기, 이것들은 모두 한 가지 동일한 효과, 즉 사람을 몸에서나 혼에서 깨끗하게 하는 효과를 낳을 수 있네.

헤르모게네스 물론입니다.

소크라테스 그렇다면 이 신은 깨끗하게 하는 신이자 그런 나쁜 것들을 씻어 내고(apolouōn) 거기서 벗어나게 하는(apolyōn) 신이겠지?

헤르모게네스 당연하죠.

소크라테스 그러니까 이 신은 그런 나쁜 것들의 치료자로서 벗어나게 하고 씻어 낸다는 점에서는 '아폴루온'(Apolouōn)이라 c
고 불려야 옳을 것이네. 다른 한편, 예언술의 측면에서, 그리고 진실함이나 순진함(haploun) —이 둘은 같은 것이므로— 의 측면에서는 이 신을 테살리아 사람들이 부르는 것처럼 불러야 가장 옳을 걸세. 테살리아 사람들은 모두 이 신을 '아플룬' (Aploun)[94]이라 부른다네. 그리고 이 신은 궁술로 언제나(aei) 맞히는(bolōn) 데 명수이기 때문에 '언제나 맞히는 자'(Aeiballōn)이네. 그리고 시가의 측면에서 이 신의 이름을 이해하려면, '아콜루토스'(akolouthos)[95]나 '아코이티스'(akoitis)[96]에서처럼, 종종 알파(a)가 '함께'(homou)를 뜻한다고 생각해야 하네. 여기서도 알파는 '함께 움직임'(homou polēsis)을 뜻하네. 하늘에서 천체들이 우리가 '극'(polos)이라 부르는 것들 주위로 함께 도는 움직임이든, 노래의 선법(旋法)[97]에서 '음들의 어울림'(symphōnia)이 d
라 부르는 움직임이든 말이네. 이것들은 모두, 시가와 천문학에 능한 사람들의 말처럼, 일종의 선법에 따라 함께 움직이기

(polei hama) 때문이네. 그리고 이 신은 신들의 영역에서나 인간의 영역에서나 선법을 관장하는 가운데 이 모든 움직임들을 함께 움직이게(homopolōn) 한다네. 그래서 우리가 '호모'(homo)를 '아'(a)로 바꾸어서 '호모켈레우토스'(homokeleuthos)와 '호모코이티스'(homokoitis)를 '아콜루토스'(akolouthos)와 '아코이티스'(akoitis)라고 불렀던 것과 마찬가지로, '호모폴론'(Homopolōn)이었던 이 신을 '아폴론'(Apollōn)이라고 불렀던 것이네. 람다(l)를

e 또 하나 넣은 것은 그렇게 하지 않으면 험악한 이름[98]과 같은 이름이 되기 때문이었네. 지금도 어떤 이들은 이름의 뜻을 제대로 살펴보지 못하는 까닭에, 그런 의혹을 가지면서 무슨 파멸을 뜻하기라도 하듯이 이 이름을 두려워하네. 그러나 앞서 말했듯이,

406a 이 이름이 붙여진 것은 이 신의 모든 능력, 즉 순진하고, 언제나 맞히며, 씻어 내고, 함께 움직이게 하는 능력과 연관이 있네. 무사(Mousa)들과 시가(mousikē) 일반의 이름들은 갈망(mōsthai)[99], 즉 탐구와 철학[100]에서 나온 것 같네. 그리고 레토(Letō)의 이름은 이 여신의 온화함에서 나온 것 같고. 그녀는 누가 무엇을 청해도 기꺼워하니까(ethelēmos). 그러나 그녀의 이름이 어쩌면 외국인들(xenoi)[101]이 부르는 대로 '레토'(Lēthō)일지도 모르네. 많은 외국인들이 그렇게 부르니까 말이네. 이 이름을 붙인 사람들은 이 여신의 성품이 거칠지 않고 부드럽고 원만하다(leion tou

b ethous)는 점에서 '레토'(Lēthō)라 부른 것 같네. 그리고 아르테미

스(Arthemis)의 이름은 이 여신의 건전함(artemes)과 단정함을 보여 주는 것 같고. 이 여신은 처녀성(parthenia)을 원했으니까. 그러나 어쩌면 이 이름을 붙인 사람은 덕에 정통한 자(aretēs histōr)라는 뜻으로 그런 이름을 붙였거나, 아니면 여자 속에서 남자가 밭갈이하는 것[102]을 혐오한다(aroton misēsasēs)는 뜻으로 붙였을지도 모르네. 이름을 붙인 사람은 이런 이유들 가운데 어느 한 가지 이유로 이 여신에게 그런 이름을 붙였거나, 아니면 이 모든 이유 때문에 그런 이름을 붙였을 것이네.

헤르모게네스 디오뉘소스와 아프로티테는 어떻습니까?

소크라테스 힙포니코스의 아들이여, 자네가 대단한 것을 묻고 있군 그래. 하지만 이 신들의 이름에 대해서는 진지하게 설명하는 방식도 있고 장난스럽게 설명하는 방식도 있네. 진지한 것은   c
다른 사람들에게 물어보게. 하지만 장난스러운 것은 우리가 살펴보지 못할 이유가 없지. 신들조차도 장난을 좋아하니까. 디오뉘소스(Dionysos)는 포도주(oinos)를 주는 자(didous)로 '디도이뉘소스'(Didoinysos)라고 장난스럽게 부를 수 있을 걸세. 그런가 하면 포도주(oinos)는 '오이오누스'(oionous)라고 부르는 것이 가장 옳겠지. 포도주는 대부분의 술 취한 사람들을 자신이 제정신이 아닌데도 제정신(nous)이라고 생각하게(oiesthai) 만드니까. 아프로디테에 관한 한 헤시오도스를 반박할 필요는 없네. 그녀는 거   d
품(aphros)에서 탄생했으므로 '아프로디테'(Aphroditē)라는 이름을 얻었다[103]는 그의 말은 오히려 동의할 만하다네.

헤르모게네스 그렇기는 합니다만 소크라테스 선생님, 선생님은 아테네 사람이니까 아테나도 헤파이스토스와 아레스도 빠뜨리시지는 않겠죠?[104]

소크라테스 그럴 수야 없지.

헤르모게네스 없고말고요.

소크라테스 아테나의 다른 이름이 어떤 이유로 붙여졌는지를 말하기는 어렵지 않네.

헤르모게네스 어떤 이름이죠?

소크라테스 알다시피 우리는 그녀를 '팔라스'(Pallas)라고 부르네.

헤르모게네스 물론입니다.

소크라테스 내 생각에 이 이름은 무장을 한 채 춤을 춘다는 데서
e 붙여졌다고 믿는 것이 옳을 걸세. 자신이나 다른 어떤 것을 땅에서 들어 올리거나 손으로 들어 올리는 것을 가리켜 우리는 '흔들
407a 다'(pallein)와 '흔들리다'(pallesthai), 또는 '춤추게 하다'와 '춤추다'라고 말하니까.

헤르모게네스 정말 그렇습니다.

소크라테스 따라서 그런 이유로 그녀를 '팔라스'라고 부르는 것이네.

헤르모게네스 옳은 말씀입니다. 그렇지만 그녀의 다른 이름은 어떻게 설명하실 거죠?

소크라테스 '아테나'(Athēna)라는 이름말인가?

헤르모게네스 그렇습니다.

소크라테스 여보게, 그건 더 어렵네. 아테나에 대해서는 옛사람들도 오늘날의 호메로스 전문가들과 같은 생각을 가졌던 것 같네. 이들의 대다수는 그 시인을 해설하면서 그가 아테나를 지성(nous)과 사유(dianoia)로 묘사한다고 말하지. 이름을 짓는 사람역시 그녀에 대해서 그와 비슷한 생각을 하는 것 같네. 그는 훨씬 더 거창하게 '신의 지성'(theou noēsis)이라고 말한다네.[105] 에타(ē) 대신에 외국식으로[106] 알파(a)를 사용하고 이오타(i)와 시그마(s)는 빼고서, 말하자면 "그녀는 '하테오노아'(ha theonoa)다"라고 말하는 셈이지.[107] 그러나 어쩌면 이런 방식이 아닐지도 모르네. 그녀는 신적인 것들에 대해 다른 누구보다도 뛰어난 식견을 가졌기 때문에(ta theia noousa) 그녀를 '테오노에'(theonoē)라고 불렀을 수도 있지. 그리고 이 여신의 지성적 성격(hē en tō ēthei noēsis)이 바로 그녀 자체라고 생각해서 그녀를 '에토노에(ēthonoē)'라고 부르고자 한다면 그렇게 하지 못할 이유도 없네. 그러나 그 사람 자신이나 이후의 다른 사람들이 더 멋지다고 생각하는 이름으로 변형시켜서 그녀를 '아테나아'(athēnaa)라고 불렀던 거라네.

헤르모게네스 그럼 헤파이스토스는 어떻습니까? 그의 이름은 어떻게 설명하실 거죠?

소크라테스 빛에 정통한(phaeos histora) 고귀한 자에 대해서 묻는 것인가?

헤르모게네스 물론입니다.

소크라테스 그렇다면 이 신은 '파이스토스'(Phaistos)이고, 에타(ē)가 덧붙여졌다는 것은 누구에게나 분명하지?

헤르모게네스 그렇겠죠. 더 이상 다른 설명이 선생님께 떠오르지 않는다면 ―그런 것 같습니다만― 말입니다.

소크라테스 그런 인상을 받지 않으려면 아레스에 대해서 물어보게.

헤르모게네스 질문 받은 걸로 하시죠.

d 소크라테스 자네가 원한다면 그래야지. '아레스'(arēs)는 남자다움(arrēn)과 용감함(andreia)에 걸맞은 이름일 것이네. 아니면 준엄하고 완고한 성격에 맞는 이름일 수도 있는데, 이런 것을 '아라톤'(arraton)이라 부르지. 이런 뜻에서도 '아레스'는 어느 모로나 전쟁의 신에게 적합한 이름일 것이네.

헤르모게네스 정말 그렇습니다.

소크라테스 그럼 이제 제발[108] 신들로부터 떠나기로 하세. 나는 그들에 대해서 논의하기가 두렵다네. 다른 것들에 대해서라면 자네가 원하는 것은 뭐든지 내게 내놓게. 에우튀프론의 "말(馬)들"이 "어떤 말인지 알기 위해서라면" 말일세.[109]

e 헤르모게네스 그렇게 하겠습니다만 헤르메스에 대해서 선생님

76

께 물어볼 것이 아직 한 가지 있습니다. 크라튈로스는 저더러 헤르모게네스가 아니라고 말하니까요.[110] 그의 이런 주장이 일리가 있는지 알기 위해서 '헤르메스'라는 이름이 무엇을 뜻하는지 살펴보죠.

소크라테스 이 '헤르메스'라는 이름은 말(언어)과 어떤 관련이 있는 것 같네. 그는 해석자(hermēneus)이자 전령이며, 말로 훔치고 속이는 자이자 장사꾼이네. 이 모든 활동은 말하는 능력과 관련이 있네. 앞서 우리가 말했듯이,[111] 말한다는 것(eirein)은 언어 (logos)를 사용하는 것이네. 그리고 호메로스가 자주 사용하는 '에메사토'(emēsato)[112]라는 말은 '교묘하게 꾀한다'는 뜻이고. 그렇다면 말하기(legein)와 언어 사용을 ─'에이레인'은 '레게인'과 같다[113]─ 교묘하게 꾀했던 이 신에게 입법가가 붙여 준 이름은 이 두 가지 말에서 나온 것이네. 말하자면 입법가는 우리에게 이런 명령을 내린 셈이지. "사람들아, 말하기를 교묘하게 꾀했던(to eirein emēsato) 자를 그대들은 '에이레메스'(Eiremēs)라고 불러야 옳을 것이다." 그러나 우리가 이 이름을 윤색해서 ─우리는 그렇게 믿고 있네─ 현재 '헤르메스'라고 부른다네. [이리스(Iris)의 이름도 '에이레인'(eirein)에서 나온 것 같네. 그녀는 전령이었으니까.][114]

헤르모게네스 제우스께 맹세컨대, 그렇다면 저더러 헤르모게네스가 아니라고 한 크라튈로스의 말이 옳았다는 생각이 드는군요.

아무튼 저는 언어 사용을 교묘히 꾀하는 자는 분명히 아닙니다.

소크라테스 여보게, 판(Pan)이 헤르메스의 아들로 두 가지 본성을 가졌다는 것도 일리가 있네.

c 헤르모게네스 어떻게 그렇죠?

소크라테스 자네가 알다시피 언어(말)는 모든 것(pan)을 표시하며, 모든 것을 순환하게 하고 언제나 돌아다니게 하며, 참과 거짓, 두 가지를 갖네.[115]

헤르모게네스 물론입니다.

소크라테스 그렇다면 그것의 참된 부분은 매끈하고 신적이며 위에 있는 신들 가운데 거주하지만, 그것의 거짓된 부분은 아래의 많은 사람들 가운데 거주하며 거칠고 염소 같은 것(tragikon)[116]이네. 왜냐하면 대부분의 신화들과 거짓들이 이곳의 비극적인 삶 속에 있기 때문이네.[117]

헤르모게네스 물론입니다.

소크라테스 따라서 모든 것(pan)을 나타내고 끊임없이 돌아다니게 하는 것(aei polōn)은 '판 아이폴로스'(Pan aipolos)라 불러야 옳
d 을 것이네. 헤르메스의 아들로 두 가지 본성을 가진 그는, 윗부분은 매끈하지만 아래 부분은 거칠고 염소 모양을 하고 있네. 그래서 판은 언어이거나 언어의 형제인 것이지. 그는 헤르메스의 아들이니까. 형제간에 서로 닮았다는 것은 전혀 놀랄 일이 아니네. 하지만 여보게, 내가 말했듯이 이제 신들에게서 떠나기로 하세.

헤르모게네스 원하신다면 이런 신들에서는 떠나기로 하죠. 소크라테스 선생님. 하지만 태양, 달, 별, 땅, 아이테르, 공기, 불, 물, 계절, 해(年)와 같은 것들에 대해 선생님께서 살펴보지 못할 까닭이 뭐가 있겠습니까?

e

소크라테스 내게 많은 주문을 하는군. 하지만 자네를 기쁘게 하는 일이라면 기꺼이 그렇게 하겠네.

헤르모게네스 기쁘게 하고말고요.

소크라테스 그러면 무엇을 먼저 살펴보고 싶은가? 자네가 태양(hēlios)을 먼저 말했으니까 그것부터 살펴보기로 할까?

헤르모게네스 좋습니다.

소크라테스 이 이름의 도리아식 표현을 이용하면 더욱 분명해질 것 같네. 도리아인들은 태양을 '할리오스'(halios)라고 부르니까. '할리오스'는 태양이 뜨면 그것이 사람들을 한데 모은다(halizein)는 데서 나왔거나, 태양이 땅 주위를 언제나 돌며 운행하기(aei heilein iōn) 때문에 나온 이름일 것이네. 아니면 그것이 운행하면서 땅에서 생산되는 것들의 색을 다채롭게 해 주기(poikillei) 때문에 생긴 이름인 것 같기도 하네. '포이킬레인'(poikillein)과 '아이올레인'(aiolein)은 같은 뜻의 말이니까.[118]

409a

헤르모게네스 달(selēnē)은 어떻습니까?

소크라테스 이 이름은 아낙사고라스를 난처하게 만드는 것 같네.

헤르모게네스 어째서요?

소크라테스 그 이름은, 달이 태양으로부터 빛(phōs)을 얻는다는
b 그의 최근 학설이, 실은 아주 오래된 것임을 드러내 주는 것 같네.

헤르모게네스 어떻게 그렇지요?

소크라테스 광선(selas)과 빛(phōs)은 같은 것이네.

헤르모게네스 그렇죠.

소크라테스 아낙사고라스를 따르는 사람들의 말이 맞다면, 달
(selēnē)의 이 빛(phōs)은 언제나 새로운 것이자 오래된 것(neon
kai henon)이네. 왜냐하면 태양이 땅(지구) 주위를 돌면서 언제나
달에 새 빛을 던져 주지만, 지난 달(meis)[119]의 빛이 달에 남아 있
기 때문이지.

헤르모게네스 확실히 그렇지요.

소크라테스 하지만 많은 사람들이 달을 '셀라나이아'(Selanaia)라
고 부른다네.

헤르모게네스 물론입니다.

소크라테스 달은 늘 새로우면서도 오래된 빛을 가지므로(selas
c neon kai enon echei aei) '셀라엔네오아에이아'(Selaenneoaeia)라
고 불러야 가장 적절하겠지만, 축약되어 '셀라나이아'(Selanaia)라
불리는 거네.

헤르모게네스 참 디튀람보스[120]적인 이름이군요, 소크라테스 선
생님! 그럼 달(meis)과 별들(astra)은 어떻게 설명하시겠습니까?

소크라테스 달(meis)은 점점 줄어든다(meiousthai)고 해서 생긴

이름으로 올바르게 부른다면 '메이에스'(meiēs)일 것이네. 그리고 별들(astra)은 반짝임(astrapē)에서 얻은 이름인 것 같네. 그것이 눈을 위로 향하게 하기(ta ōpa anastrephei) 때문에 '아나스트로페' (anastrōpē)라고 해야겠지만, 지금은 윤색되어 '아스트라트라페' (astratrapē)라고 부르지.

헤르모게네스 불과 물은 어떻습니까?

소크라테스 불(pyr)에 대해서는 당혹스럽네. 에우티프론의 무사 d
께서 나를 떠나 버렸거나, 아니면 이 이름이 몹시 난해한 것 같네. 이처럼 당혹스러운 모든 경우에 내가 끌어들이는 방법을 눈여겨보게.

헤르모게네스 무슨 방법이죠?

소크라테스 자네에게 말할 테니 대답해 보게. 자네는 불이 어떻게 해서 그런 이름을 갖게 됐는지 말할 수 있나?

헤르모게네스 제우스께 맹세컨대 저는 못합니다.

소크라테스 불에 대해서 내가 추정하는 설명을 살펴보게. 나는 e
그리스 사람들, 특히 이민족 사람들의 지배 아래 살고 있는 그리스 사람들이 많은 이름들을 이민족 사람들에게서 빌려 왔다고 생각하네.

헤르모게네스 그래서요?

소크라테스 누군가 이 이름들이 얼마나 적절하게 붙여졌는지를 이름의 출처가 되는 언어에서가 아니라 그리스어에서 알아내려

한다면, 자네가 알다시피 그는 난처해지겠지.

헤르모게네스 그럴 것 같군요.

410a 소크라테스 그러니까 '퓌르'(pyr)이라는 이 이름도 이민족의 것이
아닌지 눈여겨보게. 이 이름은 그리스어와 연결하기도 쉽지 않
고, 더욱이 프뤼기아 사람들이 조금 고쳐서 그렇게 부른 것이 분
명하네. '물'(hydōr)과 '개'(kyōn), 그리고 그 밖의 많은 이름들도
마찬가지네.

헤르모게네스 그렇습니다.

소크라테스 그러니까 이 이름들에 대해서는 어떤 설명을 할 수
있다 하더라도 무리하게 해서는 안 되네. 이런 이유로 해서 '불'
b 과 '물'은 제쳐 두겠네. 그러나 헤르모게네스, 공기를 '아에르
(aēr)'라고 부르는 이유는 그것이 사물들을 땅 위로 들어 올리기
(airei) 때문인가? 아니면 그것이 늘 흐르기(aei rhei) 때문인가?
아니면 그것의 흐름에서 바람(pneuma)이 생기기 때문인가? 시
인들이 바람(pneumata)을 '아에타이'(aētai)[121]라고 부르니까 묻
는 말이네. 아마도 시인은 그것으로 강풍의 흐름(aētorrous)을 뜻
하는 것 같네. 말하자면 바람의 흐름(pneumatorrous)을 뜻한다
는 것이네. 그리고 '아이테르'(aithēr)에 대해서는 이렇게 추정하
네. 아이테르는 언제나 공기 주위를 흐르면서 달리므로(aei thei
peri ton aera rheōn) '아에이테에르'(aeitheēr)라고 불러야 마땅하
다고 말일세. 땅(gē)은 '가이아'(gaia)[122]라고 불릴 때 그 뜻이 더

82

잘 표현되네. '가이아'는, 호메로스의 말대로, 어머니(gennēteira)   c
의 올바른 이름이니까. 호메로스는 '게가시'(gegaasi)를 태어나다
(gegenēsthai)라는 뜻으로 사용하기 때문이지. 자 그럼 이것 다음
에 우리가 살펴볼 이름은 뭐였지?

헤르모게네스 소크라테스 선생님, 계절들(hōrai)과 해(年)의 두
이름인 '에니아우토스'(eniautos)와 '에토스'(etos)입니다.

소크라테스 계절들(hōrai)의 경우에 자네가 그 이름의 그럴듯한
뜻을 알고자 한다면 '호라이'(hōrai)를 옛 아티케식으로[123] 발음
해야 하네. 계절들이 '호라이'인 까닭은 겨울들과 여름들, 바람
들, 그리고 땅의 수확물들을 구별해 주기(horizein) 때문이네. 구
별해 주니까 '호라이'라고 불러야 마땅하겠지. 그런가 하면 '해'   d
(eniautos)와 '년'(etos)은 하나의(같은) 이름인 것 같네. 왜냐하면
자라는 것들(식물)과 태어나는 것들(동물) 각각을 차례로 빛으로
내보내고 그것을 자신 속에서 검토하는 것(en heauto exetazon),
이것을 어떤 사람들은 그것의 활동이 '자신 속에서'(en heauto)
이루어진다는 이유로 '에니아우토스'라고 부르고, 어떤 사람들은
그것이 검토한다는(etazei) 이유로 '에토스'라고 부르기 때문이네.
앞에서 제우스의 이름이 둘로 나뉘어서 어떤 사람들은 그를 '제
나'(Zēna)라 부르고 어떤 사람들은 '디아'(Dia)라고 불렀던 것과
마찬가지지.[124] 전체 문구는 '자신 속에서 검토하는 것'(en heautōi
etazon)인데, 하나인 이것이 둘로 나뉘어 말해짐에 따라 한 어구

e   에서 '에니아우토스'와 '에토스'라는 두 개의 이름이 생긴 것이네.

헤르모게네스   소크라테스 선생님, 정말 많은 진전을 보셨군요.

소크라테스   내가 지혜의 길을 벌써 멀리 나아갔다는 인상을 준 것 같군 그래.

헤르모게네스   물론입니다.

소크라테스   이제 곧 자네는 더욱 더 그런 확신을 갖게 될 걸세.

411a   헤르모게네스   하지만 저는 이런 종류의 이름들 다음으로 덕과 관련 있는 훌륭한 이름들, 이를테면 '분별'(phronēsis), '이해'(synesis), '정의'(dikaiosynē), 그리고 이런 종류의 다른 모든 이름들이 대체 어떤 올바름에 따라 붙여졌는지 살펴봤으면 좋겠습니다.

소크라테스   여보게, 자네가 일깨워 주고 있는 이름들은 사소한 부류가 아닐세. 그렇기는 하지만 나는 사자의 가죽을 쓰고 있으니까[125] 꽁무니를 빼서야 안 되지. 오히려 분별, 이해, 판단
b   (gnōmē), 지식(epistēmē), 그리고 그 밖에 자네가 말하는 이 모든 훌륭한 이름을 탐구해야 할 것 같네.

헤르모게네스   물론입니다. 우리가 그만두어서는 안 되죠.

소크라테스   아무렴, 개에게 맹세컨대[126] 조금 전에 내게 떠올랐던 것이[127] 불길한 예감은 아닌 것 같네. 아주 먼 옛날의 이름을 붙이는 사람들은 오늘날의 대다수 지혜로운 자들과 아주 꼭 닮았다는 생각 말일세. 이 지혜로운 자들은 '있는 것들'의 성격이

84

어떠한지를 탐구하면서 많이 맴돌기 때문에 현기증을 느끼는데, 그래서 그들에게는 사물들이 회전하며 온갖 방식으로 움직이는 것처럼 보인다네. 그들은 사물들이 그렇게 보이는 까닭을 자신 c 들의 내적인 상태 탓으로 돌리지 않고, 오히려 사물들 자체가 본 래 전혀 지속적이거나 확고부동하지 않고 흐르고 움직이며 온갖 움직임과 생성으로 늘 충만해 있는 탓으로 돌린다네.[128] 우리가 방금 말한 모든 이름들을 대하니까 생각이 나서 하는 말이네.

헤르모게네스 무슨 뜻으로 하시는 말씀이죠, 소크라테스 선생님?

소크라테스 사물들은 움직이고 흐르며 생겨난다는 가정 아래 방 금 말한 이름들이 사물들에 붙여진다는 점을 아마도 자네가 주 목하지 못한 것 같네.

헤르모게네스 전혀 알아차리지 못했습니다.

소크라테스 먼저, 우리가 말한 첫 번째 이름은 전적으로 그런 가 d 정에 근거를 두고 있네.

헤르모게네스 어떤 이름이죠?

소크라테스 '분별'(pronēsis)이네. 분별이란 흐름과 움직임(운동) 에 대한 인식(phoras noēsis)이니까. 아니면 그것을 움직임의 향 유(phoras onēsis)라고 이해할 수도 있을 걸세. 어쨌든 그것은 움 직임과 관련이 있네. 다른 예를 원한다면 '판단'(gnōmē)을 들 수 있네. 그것은 오로지 출산[129]에 대한 관찰(gonēs nōmēsis)이나 검 토를 표현하지. 관찰(nōman)과 검토(skopein)는 같은 것이니까.

또 다른 예를 원한다면 '인식'(noēsis)이 있네. 이 말 자체는 새로운 것에 대한 열망(neou hesis)을 뜻하네. 그런데 '있는 것들'

e 이 새롭다는 말은 그것들이 언제나 생겨나고 있다는 뜻이네. 그렇다면 '네오에시스'(neoesis)라고 이름을 붙인 사람은 혼이 그런 것을 열망한다는 사실을 알려 주고 있는 셈이네. 옛날에는 '노에시스'(noēsis)[130]라고 부르지 않았고, 에타(ē) 대신에 에이(e)[131] 둘을 모두 발음해야 했지. '노에에시스'(noeesis)라고. 그런가 하면 '소프로쉬네'[132]는 우리가 방금 검토했던 분별(phronēsis)의 보존

412a (sōteria)이네. 그리고 '에피스테메'[133]는 가치 있는(유능한) 혼이 움직이는 사물들을 따라가되(hepetai), 뒤처지지도 않고 앞서 달리지도 않는다는 것을 알려 주는 말이네. 그렇기 때문에 'h'를 넣어서 그것을 '헤피스테메'(hepistēmē)라고 불러야 하네. 그리고 이해(synesis)는 헤아림(syllogismos)과도 같다[134]고 볼 수 있네. 우리가 '이해한다'(syneinai)라고 말할 때는 언제나 '안다'(epistasthai)

b 와 전적으로 같은 말을 하는 셈이지. '쉰이에나이'[135]는 혼이 사물들과 함께 나아간다는 말이니까. 한편, '지혜'(sophia)는 '움직임에 접촉함'을 뜻하기는 하지만[136] 이 이름은 아주 애매할 뿐더러 더욱이나 아티케식 표현이 아니라네.[137] 그러나 무엇이든 재빨리 앞으로 나아가기 시작하는 것들을 두고 시인들은 종종 '내달았다'(esythē)라고 말한다는 것을 기억해야 하네. 명망가들 중에 '수스'(Sous)[138]라는 이름을 가진 스파르타 사람이 있었지. 스파르타

사람들은 재빠른 돌진을 이 이름으로 부른다네. 그러니까 '소피
아'(sophia)는 이런 움직임에 접촉함(epaphē)을 뜻하네. 있는 것
들이 움직인다는 가정에 근거해서 말일세. 나아가서 '아가톤'[139]   c
이라는 이름은 자연 전체에서 경탄할 만한 것(agaston)에 붙여야
한다는 뜻을 가지고 있네. 있는 것들은 움직이기 때문에, 그것들
중에는 빠르게 움직이는 것이 있고 느리게 움직이는 것이 있기
때문이지. 그런데 빠른 것은 그것들 모두가 아니고, 그중에 감탄
할 만한 어떤 부분이네. 그래서 '아가톤'(agathon)이라는 이 이름
은 재빠른 것(thoon)의 감탄할 만한 부분에 붙여지는 거라네.[140]
'디카이오쉬네'(dikaiosynē)[141]가 정의로운 것에 대한 이해(dikaiou
synesis)에 주어지는 이름이라는 것은 추정하기가 쉽네. 그러나
'디카이온'(dikaion)[142] 자체는 어렵네. 그것에 대해 어느 정도까지
는 많은 사람들의 의견이 서로 일치하지만, 그 이상은 일치하지   d
않는 것 같거든. 모든 것이 운동 중에 있다고 생각하는 사람들은
모든 것의 대부분은 오로지 나아가기[143]만 하는 성격을 가졌다고
믿는다네. 그런가 하면 그들은 이 모든 것을 관통(통과)하는 무엇
인가가 있어서, 생겨나는 모든 것이 이것으로 말미암아 생겨나
는데, 이 무엇인가는 지극히 빠르고 지극히 미세한 것이라고 믿
네. 그렇지 않고서야 이것이 존재하는 모든 것을 관통할 수는 없
을 거라는 생각에서지. 그 무엇도 이것을 막아 내지 못할 정도로
아주 미세하고, 다른 모든 것들을 마치 정지해 있는 것을 대하듯

e   할 정도로 아주 빠르지 않다면 말일세. 그래서 이것은 다른 모든 것을 관통하면서(diaïon) 지배하므로 '디카이온'(dikaion)이라는 이름으로 불러야 옳다네. 여기서 카파(k)라는 음가는 발음의 편의를 위해 덧붙인 거라네. 내가 방금 말했듯이 '디카이온'이 이러

413a 하다는 데까지는 많은 사람이 동의한다네. 헤르모게네스, 나는 이 문제에 끈기 있게 파고들었기 때문에 이 모든 것을 은밀한 가르침[144]을 통해서 알게 됐네. 요컨대 정의로운 것(dikaion)과 원인 (aition)이 동일하다는 것을[145] 알게 됐다는 걸세. 어떤 것으로 인해 (di' ho) 무엇인가가 생겨난다면 그 어떤 것은 원인이기 때문이지. 이런 이유로 누군가는 이것을 '디아'(Dia)[146]로 불러야 옳다고 말하기도 했네. 하지만 그 말을 듣고서 내가 그들에게 점잖게 "선생, 그게 사실이라면 도대체 정의로운 것이란 뭐지요?" 하고 계속해서 물으면, 대뜸 그들은 내가 필요 이상으로 많이 묻고 경

b 계를 벗어난다[147]고 여기고, 이미 내가 들어서 알고 있는 것으로 충분하다고 말하네. 그들은 나를 만족시키고 싶어 하며 제각기 자신의 생각을 이야기하려고 나서지만, 더 이상 서로 일치하지 않네. 어떤 사람은 태양이 정의로운 것이라고 말하네. 그것만이 있는 것들을 관통하고(diaïon) 불태우면서(kaïon) 그것들을 지배하기 때문이라는 것이지. 그래서 나는 훌륭한 대답을 들었다고 기뻐하며 다른 사람에게 이야기해 주었는데, 그가 내 이야기를 듣고는 나를 조롱하면서 태양이 지면 사람들 사이에는 정의로

운 것이 전혀 없다고 생각하는지 묻더군. 그래서 이번에는 그에   c
게 정의로운 것을 뭐라고 생각하는지 말해 달라고 조르니까 그
는 불 자체라고 말했네. 그러나 이것은 이해하기 쉽지 않네. 그
런가 하면 어떤 사람은 불 자체가 아니라 불 속에 있는 열 자체
라고 말하네. 또 어떤 사람은 이 모든 견해를 비웃으며 정의로운
것은 아낙사고라스가 말한 지성(nous)이라고 주장하네. 그의 주
장에 따르면 지성은 스스로 다스리는 자[148]이고, 어떤 것과도 섞
이지 않으며, 모든 것을 관통하면서, 모든 사물에 질서를 부여하
기 때문이라는 것이네. 여보게, 이런 사정으로 해서 나는 정의로
운 것에 관해서 그것이 무엇인지를 배우려고 나서기 전보다 한
층 더 난감한 처지에 빠졌다네. 하지만 우리가 살펴보고 있는 이   d
이름은 앞서 말한 이유들 때문에 붙여진 것 같네.

헤르모게네스 소크라테스 선생님, 그 설명은 선생님께서 누군가
로부터 들은 것이지 선생님 자신이 즉석에서 하신 것은 아니라
고 여겨집니다.

소크라테스 다른 설명들은 어떻고?

헤르모게네스 그건 전혀 들으신 것 같지 않고요.

소크라테스 그렇다면 귀담아듣도록 하게. 나머지 것들에 대해서
도 내가 듣지 않고 말하는 것처럼 자네를 속일지 모르니까. 정
의 다음으로 우리에게 어떤 이름이 남아 있지? 우리가 아직 용기
(andreia)를 살펴보지 않았다고 생각하네. 불의(不義, adikia)는 관

e 통하는 것(diaïon)에 대한 방해를 뜻하는 이름임이 분명하네. 그런가 하면 '안드레이아'(andreia)는 '용기'가 싸움에서 붙여진 이름이라는 뜻을 표현하네. 있는 것이 흐른다면 그 속에서의 싸움은 반대되는 흐름(rhoē) 이외의 다른 것이 아니네. 그러니까 '안드레이아'(andreia)라는 이름에서 델타(d)를 빼면 '안레이아'(anreia)[149]가 되는데, 이 이름이 그런 작용[150]을 알려 준다네. 따라서 용기는 모든 흐름에 반대되는 흐름이 아니고, 정의로운 것을 거스르

414a 는 흐름에 반대되는 흐름임이 분명하네. 그렇지 않다면 용기는 찬양 받지 못할 테니까. 그리고 '아렌'(arren)[151]과 '아네르'(anēr)[152]는 위로 흐름(anōi rhoēi)과 유사한 어떤 것에 맞는 이름이네. '귀네'(gynē)[153]는 '고네'(gonē)[154]를 뜻하며, '텔뤼'(thēly)[155]는 '텔레'(thēlē)[157]에서 나온 이름으로 보이네. 헤르모게네스, '텔레'(thēlē)는 젖꼭지가 어린이를, 마치 물을 먹은 식물들이 자라듯이, 자라게(tethēlenai) 하기 때문에 나온 이름이겠지?

헤르모게네스 그런 것 같습니다, 소크라테스 선생님.

소크라테스 물론이네. '탈레인'[157]이라는 말 자체는 어린이들의 성장을 묘사하는 것 같네. 어린이들의 성장은 갑작스럽고 빠르게

b 이루어지니까. 그렇다면 누군가가 '달리다'(thein)와 '도약하다'(allesthai)를 합쳐서 '탈레인'이라는 이름을 만들어 그것으로 그와 같은 성장을 묘사한 것이네. 그런데 자네는 내가 평탄한 길에 와서는 경주로를 벗어나 달리듯 하고 있다[158]는 걸 눈치 채지 못하

는군. 하지만 중요하다고 생각되는 과제들이 아직 우리에게 많이 남아 있네.

헤르모게네스 맞는 말씀입니다.

소크라테스 그중 하나가 '테크네'(technē)[159]가 대체 무엇을 뜻하는지 아는 일이네.

헤르모게네스 물론입니다.

소크라테스 타우(t)를 빼고 키(ch)와 뉘(n) 사이에, 그리고 뉘(n) c
와 에타(ē) 사이에 오미크론(o)을 넣으면[160], 이 말은 지성의 소유
(hexis nou)를 뜻하게 되겠지?

헤르모게네스 정말 궁색한 설명이군요, 소크라테스 선생님.

소크라테스 여보게, 자네는 최초에 붙여진 이름들이 그것들
을 다듬으려고 했던 사람들로 인해 이미 감추어져 버렸다는 것
을 모르는군. 발음의 편의 때문에 자모가 첨가되거나 삭제되
었고 그래서 온갖 방식으로 뒤틀렸는데, 그것은 윤색 탓이기
도 하고 세월 탓이기도 하다는 걸 말일세. 이를테면 '카톱트론'
(katoptron)[161]에서 로(r)가 삽입된 것이 자네가 보기에 이상하지
않나?[162] 이런 일은 진리에는 전혀 주의를 기울이지 않고 입 모양 d
에만 신경 쓰는 사람들이 하는 일이라 생각되네. 그들은 최초의
이름들에 많은 것들을 덧붙이다가 결국 그 이름이 도대체 무엇
을 뜻하는지 한 사람도 이해하지 못하게 만들어 놓고 마네. 이를
테면 그들이 스핑크스를 '픽스'(phix)가 아니라 '스핑크스'(sphinx)

라고 부르는[163] 경우처럼 말일세. 다른 예들도 많이 있지.

헤르모게네스   정말 그렇습니다, 소크라테스 선생님.

소크라테스   그러나 우리가 누구나 원하는 대로 이름들에다 자모를 삽입하거나 빼도록 내버려 둔다면, 어떤 사물이든지 거기에 아무 이름이나 맞추어 붙이기가 아주 쉬워지겠지.

e   헤르모게네스   맞는 말씀입니다.

소크라테스   물론 맞는 말이지. 그러나 나는 자네가 지혜로운 감독관이 되어[164] 적절함과 그럴듯함을 유지하도록 해야 한다고 생각하네.

헤르모게네스   그랬으면 합니다.

소크라테스   헤르모게네스, 나도 자네와 함께 그렇게 하고 싶네.

415a   하지만 여보게 훌륭한 친구, 정확성을 너무 요구하지는 말게. "자네가 내 힘을 약하게 할까봐 두렵네."[165] 우리가 '기술'(technē) 다음으로 '고안'(mēchanē)을 검토할 때면, 나는 내가 설명하고 있는 과제들의 정점에 이르게 되니까 하는 말이네. 내가 보기에 '메카네'(mechanē)는 커다란 성취(anein epi polu)를 뜻하는 말인 것 같거든. '메코스'[166]가 어떤 의미에서는 크기를 뜻하니까. 그렇다면 '메코스'와 '아네인'[167]이라는 두 말이 합쳐져서 '메카네'(mēchanē)라는 이름이 된 것이네. 그러나 내가 방금 말한 대로, 우리가 논의하고 있는 것들의 정점으로 가야 하네. 그래서 '아레테'[168]와 '카

b   키아'[169]라는 이름들이 무엇을 뜻하는지 살펴봐야 하네. 한쪽은 내

가 아직 이해 못했지만 다른 쪽은 뜻이 분명한 것 같네. 이 이름
은 우리가 앞서 말했던 모든 것에 잘 들어맞기 때문이지. 사물들
이 움직이는 한에서는 나쁘게 움직이는 것(kakos ion)은 모두 악
(kakia)일 것이네. 사물들과 관련된 나쁜 움직임[170]이 혼 속에 있
을 때, 특히 혼은 그런 움직임 전체에 적용되는 이름으로 '카키아'
를 가진다네. 나쁜 움직임이 대체 무엇인지는 '겁'(怯, deilia)이라
는 말에서도 표현되는 것 같네. 이 말을 우리가 자세히 다루지 않
고 넘어갔는데, '용기'(andreia) 다음에 그것을 살펴봤어야 했지.   c
다른 많은 이름들도 우리가 그냥 지나쳤던 것 같고. 아무튼 '데일
리아'(deilia)는 혼의 강력한 족쇄(ischyros desmos)를 뜻하네. '매우'
(lian)는 어떤 의미에서는 강력함을 표현하는 말이니까. 따라서 겁
은 혼의 강력하고도 가장 큰 족쇄(desmos)일 것이네. 난관(難關,
aporia)이 나쁜 것(kakon)이듯이 움직이거나 나아가는(poreuesthai)
데 방해가 되는 것도 모두 마찬가지인 것 같네. 그렇다면 나쁜 움
직임(kakōs ienai)이란 저지당하거나 방해 받으며 나아감을 가리키
는 것 같네. 바로 이것을 혼이 지닐 때, 혼은 악(kakia)으로 가득
차게 된다네. '카키아'가 이런 경우들에 붙는 이름이라면, 이와
반대되는 이름은 '아레테'(aretē)일 것이네. '아레테'는 우선 형통   d
(亨通, euporia)[171]을 뜻하고, 그 다음에는 훌륭한 혼의 흐름(rhoē)
은 묶여 있지 않고 언제나 자유롭다는 것을 뜻하지. 그래서 저
지당하지 않고 방해 받지 않으면서 언제나 흐르는 것(aei rheon)

이 '아레테'라는 이름을 갖게 된 것 같네. 이것을 '아에이레이테'(aeireitē)라고 불러야 옳지만, 축약해서 '아레테'(aretē)라고 부르는 거라네. 아마 자네는 이 설명도[172] 내가 지어낸 거라고 말하겠지. 하지만 내가 앞서 '카키아'에 관해 했던 설명이 옳다면, '아레

e 테'라는 이름에 관한 이 설명도 옳다고 나는 주장하네.

416a 헤르모게네스 그러나 '카콘'[173]이라는 이름은 어떻습니까? 앞서[174] 선생님께서는 이것에 기대어 많은 설명을 하셨는데, 이 이름은 무슨 뜻일까요?

소크라테스 제우스께 맹세컨대 내가 보기에 그것은 이상하고 이해하기가 어려운 이름 같네. 그래서 앞서 말한 방법[175]을 이 이름에도 적용하겠네.

헤르모게네스 어떤 방법이죠?

소크라테스 이 이름 역시 이민족 언어에서 왔다고 말하는 방법이지.

헤르모게네스 옳은 말씀인 것 같습니다. 그러나 괜찮으시다면 이것은 놔두고 '칼론'[176]과 '아이스크론'[177]이 어떤 합당한 근거를 가진 이름인지 알아보기로 하죠.

소크라테스 '아이스크론'이 무엇을 뜻하는지는 아주 분명하다고

b 생각하네. 이 이름도 앞에서 했던 설명과 일치하니까. 이름을 붙이는 사람은 있는 것들의 흐름을 방해하는 것과 저지하는 것을 줄곧 비난하는 것 같거든. 그래서 실제로 그는 흐름을 언제나 저

94

지하는 것(aei ischon ton rhoun)에다 '아에이스크룬'(aeischoroun)
이라는 이름을 붙였네. 그러나 지금은 축약해서 '아이스크론'
(aischron)이라 부른다네.

헤르모게네스 '칼론'(kalon)은 어떤가요?

소크라테스 그것은 이해하기 더 어렵네.[178] 하지만 어쨌든 그것이
'칼론'으로 발음되는 것은 단지 좋은 발음[179]을 위해서 '우'(ou)의
길이가 조금 바뀌었기[180] 때문이네.

헤르모게네스 그래서요?

소크라테스 이 이름은 사유(dianoia)를 가리키는 한 가지 이름인
것 같네.

헤르모게네스 무슨 뜻이죠?

소크라테스 자, 자네는 있는 것들 각각이 이름을 갖게 되는 원인
이 무엇이라고 생각하나? 이름을 붙이는 능력이 그 원인 아닌가?

헤르모게네스 물론입니다.

소크라테스 그렇다면 그 능력은 '사유'겠지? 신들의 사유든 인간
들의 사유든 신과 인간 양쪽 모두의 사유든 말일세.

헤르모게네스 그렇죠.

소크라테스 그렇다면 사물들에 이름을 붙였던(kalesan) 능력과
이름을 붙이고 있는(kaloun) 능력은 동일한 것, 즉 사유겠지?

헤르모게네스 그런 것 같습니다.

소크라테스 그런데 지성이나 사유가 하는 일은 모두 칭찬할 만

하지만 그렇지 않은 일은 비난 받을 만하겠지?

헤르모게네스 당연하죠.

d 소크라테스 의술의 능력은 의술 분야의 일을 하고, 목공술의 능력은 목공 분야의 일을 하겠지? 아니면 어떻게 말하겠나?

헤르모게네스 저는 그렇다고 말하겠습니다.

소크라테스 따라서 이름 붙이는 능력(kaloun)도 아름다운(훌륭한, kalon) 일을 하겠지?

헤르모게네스 그럴 수밖에요.

소크라테스 그리고 그 능력이란, 우리가 말했듯이, 사유지?

헤르모게네스 물론입니다.

소크라테스 따라서 '칼론'(kalon)이라는 이 명칭은 분별력에다 붙여야 옳다네. 분별력은 우리가 아름답다(훌륭하다)고 말하면서 반기는 종류의 일들을 하니까.

e 헤르모게네스 그런 것 같습니다.

소크라테스 그러면 그런 종류의 이름들 가운데 아직 우리에게 남아 있는 이름이 뭐지?

헤르모게네스 좋고 아름다운(훌륭한) 것과 관련이 있는 것들로,
417a '쉼페론'[181], '뤼시텔룬'[182], '오펠리몬'[183], '케르달레온'[184], 그리고 이와는 반대되는 이름들이 남아 있습니다.

소크라테스 '쉼페론'은 앞서 우리가 했던 설명에 비추어 보면 자네도 금방 그 뜻을 알아낼 수 있을 걸세. 이 이름은 '에피스

테메'(epistēmē)와 형제지간으로 보이니까. 이 이름은 혼이 사물들과 함께 '동시에 움직인다'(hama phora)[185]는 것 외에는 다른 어떤 것도 표현하지 않기 때문이지. 그래서 혼의 이런 능력으로 말미암아 이루어지는 활동들은, 사물들과 함께 회전한다(symperipheresthai)는 점에서 '쉼페론타'(sympheronta)나 '쉼포라'(symphora)로 불리는 것 같네. 한편, '케르달레온'(kerdaleon)은 '케르도스'[186]에서 나왔네. '케르도스'에서 델타(d)를 뉘(n)로 바꾸면 이 이름이 무슨 뜻인지 분명히 드러나네. 그것은 좋은 것을 가리키는데, 가리키는 방식이 다를 따름이네. 좋은 것은 모든 것을 통과하면서 모든 것과 섞이기(kerannytai) 때문에 이름을 붙이는 사람이 그것의 이런 힘을 지칭하여 이 이름[187]을 붙였네. 그러나 그는 뉘(n) 대신에 델타(d)를 넣어서 '케르도스'(kerdos)라고 발음했네.

헤르모게네스 그러면 '뤼시텔룬'(lysiteloun)은 어떤가요?

소크라테스 헤르모게네스, 내 생각에는, 이윤이 비용을 상쇄할(apolyei) 때 소매상인들이 이 이름을 사용하는 것과 같은 뜻으로 '뤼시텔룬'(lysiteloun)이라는 이름이 붙여졌을 것 같지는 않네. 그보다는 이 이름도 좋은 것을 가리킨다고 생각되네. 좋은 것은 있는 것 가운데 가장 빨라서 사물들이 정지하는 것을 허용하지 않고, 움직임이 움직임의 끝에 이르거나 정지하거나 멈추는 것을 허용하지도 않기 때문이네. 오히려 그것은 움직임의 끝이 생기려고 할 때 그것을 언제나 무효화시켜서(lyei) 움직임을 멈추지 않게 하고 불멸하게 만드네. 이런 이유로 좋은 것이 '뤼시텔룬' 으로 불리는 거라고 생각하네. 움직임의 끝을 무효화시키는 것 (lyon telos)이 '뤼시텔룬'으로 불리니까 말일세. 한편, '오펠리몬' 은 외국 이름[188]이네. 이것을 호메로스는 '오펠레인'(ophellein)이 라는 형태로 자주 사용하는데, 그것은 '아욱센 포이에인'[189]에서 나온 말이네.[190]

d   **헤르모게네스** 이것들과 반대되는 이름들은 우리가 어떻게 설명 할 수 있을까요?

소크라테스 그 가운데 부정(否定) 형태의 것들은 전혀 살펴볼 필 요가 없을 것 같네.

헤르모게네스 어떤 것들이죠?

소크라테스 '아쉼포론'(asymphoron)[191], '아노펠레스'(anōpheles)[192], '알뤼시텔레스'(alysiteles)[193], 그리고 '아케르데스'(akerdes)[194]이네.

헤르모게네스 맞는 말씀입니다.

소크라테스 그러나 '블라베론'[195]과 '제미오데스'[196]만큼은 살펴볼 필요가 있네.

헤르모게네스 그렇습니다.

소크라테스 '블라베론'은 흐름을 방해하는 것(blapton ton rhoun)

e   을 뜻하네. 그런가 하면 또 '블랍톤'[197]도 붙잡아 매려 하는 것 (boulomenon haptein)을 뜻하지.[198] 그리고 '합테인'[199]은 '데인'

98

[200]과 같은 뜻인데, 이름을 붙이는 사람은 이것을 늘 비난한다
네.[201] 그렇다면 흐르는 것을 붙잡아 매려 하는 것에는 '불랍테룬'
(boulapteroun)이 가장 올바른 이름일 것이네. 이것을 윤색해서
'블라베론'이라 부르는 것 같네.[202]

헤르모게네스 설명하느라 내놓으신 이름들이 참 복잡하네요, 소
크라테스 선생님. 방금 선생님께서 '불랍테룬'이라는 이름을 발
음할 때는 마치 아테나에게 바치는 노래[203]의 아울로스 서곡을 휘
파람으로 연주할 때의 입 모양 같다는 생각이 들었거든요.

418a

소크라테스 헤르모게네스, 그건 내 탓이 아니라 이름을 붙인 사
람들 탓이지.

헤르모게네스 맞는 말씀입니다. 하지만 '제미오데스'는 무슨 뜻
일까요?

소크라테스 '제미오데스'란 대체 무슨 뜻일까? 헤르모게네스, 사
람들이 자모를 빼거나 덧붙임으로 해서 이름들의 뜻을 확 바꿔
놓게 되며, 그래서 아주 약간만 고쳐도 때로는 뜻이 정반대가 되
게 한다고 내가 말할 때, 내 말이 어째서 옳은지를 주목하게. 이

b

를테면 바로 '데온'(deon)이 그렇다네. 방금 이 이름이 생각나서
자네에게 하려고 했던 말을 기억해 냈네. 무슨 말이냐면, 현재
우리가 사용하는 이 세련된 어법은 '데온'과 '제미오데스'의 뜻을
뒤틀어 정반대를 뜻하게 했고 그래서 본래의 뜻을 가려 버렸지
만, 옛 어법은 두 이름 각각이 뜻하는 바를 분명히 보여 준다는

것이네.

헤르모게네스 무슨 뜻이죠?

소크라테스 자네에게 설명해 주겠네. 자네가 알다시피 우리의
c 옛 선조들은 이오타(i)와 델타(d)를 아주 많이 사용했다네. 특히
나 여인들이 그랬는데, 여인들은 옛 어법을 가장 잘 보존하는 법
이지. 그러나 지금은 사람들이 이오타를 엡실론(e)이나 에타(ē)
로, 델타를 제타(z)로 바꾸어 놓았네. 이것들이 더 장중하다는 생
각에서지.

헤르모게네스 어떻게 바꾸었죠?

소크라테스 이를테면 아주 먼 옛날에는 사람들이 날(日, hēmera)
을 '히메라'(himera)라고 부르기도 했고 '헤메라'(hemera)라고 부르
기도 했는데, 지금은 사람들이 '헤메라'(hēmera)라고 부른다네.

헤르모게네스 그건 그렇죠.

소크라테스 그렇다면 오르지 옛 이름만이 이름을 붙인 사람의
d 뜻을 드러낸다는 것을 알겠지? 사람들은 어둠에서 나와 자신들
에게로 오는 햇빛을 반기고 갈망하는데(himeirousi), 그렇기 때문
에 그들은 그것을 '히메라'라고 명명했던 것이네.

헤르모게네스 그런 것 같습니다.

소크라테스 그러나 현재는 '헤메라'(hēmera)로 다듬어져 있어서[204]
그것이 무슨 뜻인지 자네가 이해할 수 없을 걸세. 낮은 사물들을
온순하게(hēmera)[205] 만들기 때문에 '헤메라'로 불리는 거라고 생

각하는 사람들도 있기는 하지만 말이네.

헤르모게네스 그런 것 같습니다.

소크라테스 자네가 알다시피 멍에(zygon)도 옛사람들은 '뒤오곤' (dyogon)이라고 불렀네.

헤르모게네스 틀림없습니다.

소크라테스 그러나 '쥐곤'(zygon)은 아무것도 표현하지 않네. 반면에 쟁기나 마차를 끌기 위해 두 마리 짐승을 같이 묶는 것 (dyoin agōgēn)은 '뒤오곤'이라고 불러야 마땅하네. 그럼에도 현재 '쥐곤'으로 불리고 있네. 다른 많은 이름들도 사정이 그렇다네.   e

헤르모게네스 그런 것 같습니다.

소크라테스 그렇듯이 '데온'(deon)도 그대로 발음하면 좋은 것 (agathon)과 연관된 모든 이름들과는 정반대를 우선 뜻하게 되네. 해야 하는 것(deon)은 좋은 것의 일종임에도, 마치 해로운 것 (blaberon)과 형제지간이기라도 한 것처럼, 족쇄(desmos)나 움직임의 방해물로 보이기 때문이지.

헤르모게네스 정말 그렇게 보입니다, 소크라테스 선생님.

소크라테스 하지만 자네가 현재의 이름보다 올바르게 붙여졌을 가능성이 훨씬 큰 옛 이름을 사용한다면 그렇지가 않네. 만약 자네가 옛 이름에서처럼 엡실론(e)을 이오타(i)로 대체한다면, 이   419a 이름은 앞서 말한 좋은 것들과 일치하게 될 걸세. '통과(관통)하는 것'(diion)은 이름을 붙이는 사람이 칭찬하는 바로 그 좋은 것을 뜻하지만, '묶는 것'(deon)[206]은 그렇지 않으니까. 그리고 그렇게 하면 이름을 붙이는 사람은 자기모순을 범하지 않게 되고, '데온'(deon), '오펠리몬'(유용한), '뤼시텔룬'(이로운), '케르달레온'(득이 되는), '아가톤'(좋은), '쉼페론'(유익한), '에우포론'[207]은 다른 이름들이지만 같은 뜻을 가진다는 것이 분명해지네. 정돈하

b 는 것과 통과(관통)하는 것은 어디서나 칭송 받지만, 저지하는 것과 묶는 것은 비난 받네. 나아가서 '제미오데스'(zēmiōdes)도, 자네가 옛 어법에 따라 제타(z)를 델타(d)로 바꾸어서 '데미오데스'(dēmiōdes)라고 부른다면, 이 이름이 '움직임(나아감)을 묶는 것'(doun to ion)에 붙여졌다는 것이 자네에게 분명히 드러나네.

헤르모게네스 '헤도네'(hēdonē)[208], '뤼페'(lypē)[209], '에피튀미아'(epithymia)[210], 그리고 이런 종류의 다른 이름들은 어떻습니까, 소크라테스 선생님?

소크라테스 그것들은 설명하기가 그다지 어렵지 않아 보이네, 헤르모게네스. 쾌락(hēdonē)은 즐기는 것(hē onēsis)을 목표로 하는 활동이기 때문에 '헤도네'라는 이름을 갖게 된 것 같네. 여기에 델타(d)가 삽입되어 '헤오네'(hēonē) 대신 '헤도네'(hēdonē)로

c 불리는 거라네. '뤼페'는 몸의 와해(瓦解, dialysis)에서 나온 이름인 것 같네. 고통은 몸이 와해되는 상태에서 몸이 겪는 것이지. '아니아'[211]는 움직임(나아감, ienai)을 방해하는 것을 뜻하네. '알게돈'[212]은 '알게이노스'[213]에서 나온 외국 이름으로 생각되고, '오

뒤네'[214]는 고통에 빠짐(endysis)에서 나온 이름인 것 같네. '아크테돈'[215]이 움직임의 무거움(baros)을 묘사하는[216] 이름이라는 것은 누구에게나 분명하네. '카라'[217]는 혼의 흐름(rhoē)이 확산되고(diachysis) 순조롭다(euporia)[218]는 데서 나온 이름인 것 같고. '테릅시스'[219]는 '테릅논'[220]에서 나왔으며, '테릅논'은, 숨(pnoē) 과 유사하게, 그것이 혼을 거쳐서 슬그머니 나아간다(herpsis)는 데서 나왔네. 그것은 '헤릅눈'(herpnoun)으로 불러야 마땅하겠지만, 시간이 가면서 '테릅논'(terpnon)으로 바뀌었네. '에우프로쉬네'[221]는 전혀 설명할 필요가 없네. 혼의 움직임(나아감) 이 사물들과 조화를 잘 이룬다(eu sympheresthai)는 데서 이 이름이 나왔다는 것은 누구에게나 분명하니까. 우리는 그것을 '에우페로쉬네'(eupherosynē)라고 불러야 마땅함에도 '에우프로쉬네'(euphrosynē)라 부르고 있네. '에피튀미아'[222]도 설명하기 어렵지 않네. 이 이름이 격정(thymos)으로 나아가는(epi ton thymon iousa) 힘에 붙여졌다는 것은 분명하니까. 그리고 '튀모스'는 혼의 격노(thysis)와 끓어오름에서 나온 이름일 것이네.[223] 하지만 분명히 '히메로스'[224]는 혼을 가장 강하게 이끌어 가는 흐름에 붙여진 이름이네. 그것은 급격한(hiemenos) 흐름이자 사물들을 갈 구하는(ephiemenos) 흐름이니까. 이 흐름의 충동으로 인해 혼을 세차게 이끌어 가므로 이 모든 힘 때문에 '히메로스'라 불리게 된 것이네. 그런가 하면 동경(憧憬)은 곁에 있는 것에 대한 그리움이

d

e

420a

아니라, 다른 어디엔가(pou)[225] 있거나 곁에 없는 것에 대한 그리움을 뜻하기 때문에 '포토스'(pothos)라고 불리네. 그러므로 동일한 감정이, 원하는 것이 곁에 있을 때는 '히메로스'라 불리고, 곁에 없을 때는 '포토스'라고 불리는 거라네. 사랑(erōs)은 밖에서 흘러 들어오기(esrei) 때문에, 즉 이 흐름은 사랑을 가진 사람 자

b 신의 것이 아니라 눈을 통해 밖에서 들어온 것이기 때문에 '에로스'(erōs)라고 불리네. 그렇기 때문에 옛날에는 그것을 '에스레인'(esrein)에서 나온 이름으로 '에스로스'(esros)라고 불렀네. 그때는 오메가(ō) 대신에 오미크론(o)을 사용했던 것이지. 그러나 지금은 오미크론을 오메가(ō)로 바꿔서 '에로스'라고 부르네. 자네는 우리가 계속해서 살펴봐야 할 이름이 있다고 생각지 않나?

헤르모게네스 '독사'[226]를 비롯해서 이런 종류의 이름들에 대해서는 어떻게 생각하시나요?

소크라테스 '독사'는 혼이 사물의 본성에 대한 앎을 추구할 때 하는 추구행위(diōxis)에서 나온 이름이거나, 활(toxon) 쏘기에서 나온 이름이네. 그러나 두 번째 설명이 더 그럴듯하네. 어쨌

c 든 '오이에시스'[227]는 이 설명과 잘 들어맞네. 그것은 모든 사물을 향한, 즉 있는 것들 각각이 어떠한 것인지를 향한 혼의 움직임(oisis)을 표현하는 것처럼 보이기 때문이지. '불레'[228]가 던짐(bolē)과 관련이 있으며[229], '불레스타이'[230]나 '불레우에스타이'[231]가 무엇인가를 목표로 삼는다(ephiesthai)는 뜻을 나타내는 것과

마찬가지로 말일세. '독사'(doxa)를 따르는 이 이름들은 모두 던짐(발사)의 모사물로 여겨지네. 마찬가지로, 이와 반대되는 이름인 '아불리아'[232]는 맞히지 못함(atychia)을 뜻하는 것 같고. 던지지 못했거나, 던졌지만 표적을 맞히지 못했거나, 원했던 것, 계획했던 것, 목표했던 것을 맞히지 못한 경우처럼 말이네.

헤르모게네스 설명을 너무 서둘러 해 나가시는 것 같습니다, 소   d
크라테스 선생님.

소크라테스 이제 마지막 주로를 달리고 있으니까 그렇다네. 하지만 계속해서 '아낭케'[233]와 '헤쿠시온'[234]을 살펴봤으면 하네. 이것들이 그 다음 차례거든. '헤쿠시온'은 양보하고(eikon) 저항하지 않는다는 뜻이네. 그러나 내가 말했듯이 그것은 움직임(나아감), 즉 의도에 따라 이루어지는[235] 움직임에 양보하는 것(eikon to ionti)을 뜻하며, 이 이름이 그것이 표현되어 있을 것이네. 그리고 강제적인 것(anankaion)과 저항하는 것은 의도를 거스르는 것이며, 잘못(hamartia)과 무지(amathia)에 연루된 것일 수 있네. 이 이름은 골짜기(ankē)를 지나가는 것에 비유되는데, 골짜기는   e
지나가기 어려울 뿐더러 관목이 무성하고 거칠어서 나아감을 제지하기 때문이지. 그렇다면 '아낭카이온'(anankaion)이라는 이름을 사용하게 된 것은 이런 맥락에서 일 것이네. 그것이 골짜기의 통과에 비유되니까 말일세. 그렇더라도 우리에게 힘이 있는 한 그 힘을 그냥 내버려 두지 말도록 하세. 자네도 멈추지 말고 질문을 하게.

421a 헤르모게네스 그럼 가장 크고 훌륭한 이름들에 관해 질문하겠습니다. '알레테이아'[236], '프세우도스'[237], '온'[238], 그리고 지금 우리가 논의의 주제로 삼고 있는 이 '오노마'[239] 자체는 어떻게 해서 그런 이름이 된 거죠?

소크라테스 자네는 '마이에스타이'(maiesthai)가 무슨 뜻인지 알고 있나?

헤르모게네스 그럼요. '탐구하다'(zētein)라는 뜻이죠.

소크라테스 그렇다면 '오노마'(onoma)는 "이것은 탐구(zētēma)의 대상이 되는 존재(on)다"라는 뜻의 문구에서 축약되어 나온 이름인 것 같네. 자네는 우리가 사용하는 '오노마스톤'[239]이라는 표현에서 그것을 더 쉽게 확인할 수 있을 걸세. 이 표현은 "그것이 탐구의 대상이 되는 존재다"(on hou masma estin)라고 분명히 말

b 하고 있기 때문이지. 마찬가지로 '알레테이아'(aletheia)도 나머지 다른 이름들처럼 축약된 이름인 것 같네. 있는 것의 신적인 움직임이 '알레테이아'(alētheia)라는 말로 불리는 것 같으니까. '알레테이아'가 '신성한 방랑'(alē theia)을 뜻한다는 이유로 말이네. 반면에 '프세우도스'(pseudos)는 이 움직임과 반대되는 것이네. 그래서 제지당하고 가만히 있도록 강요받는 것이 다시 또 비난 받고, 그것이 잠자는 자들(katheudousi)에 비유되었네. 그러나 프세이(ps)가 덧붙여지는 바람에 이름의 뜻이 가려졌네. '온'(on)

과 '우시아'(ousia)는 이오타(i)가 덧붙으면 나아감(ion)을 뜻하므 c
로 '알레테이아'(aletheia)와 같은 뜻이 되네. 그리고 '우크 온'(ouk
on)은 나아가지 않음(ouk ion)을 뜻하지. 실제로 어떤 사람들은
비존재(ouk on)를 그렇게 부르기도 한다네.

헤르모게네스 이 이름들을 아주 용감하게 분석하신[241] 것 같습니
다, 소크라테스 선생님. 하지만 만약 누군가가 '이온'[242], '레온'[243],
'둔'[244]이라는 이름들의 올바름에 대해서 묻는다면 …

소크라테스 "우리가 그에게 어떻게 대답할 수 있을까요?"라고
말하려고 했지? 그렇지 않나?

헤르모게네스 물론입니다.

소크라테스 우리는 이미 한 가지 방법을 제시했네.[245] 의미 있는
대답을 하는 것처럼 보이게 하는 방법 말일세.

헤르모게네스 어떤 방법이죠?

소크라테스 우리가 모르는 이름은 이민족의 것이라고 말하는 방
법이지. 어쩌면 이 이름들 가운데 정말로 그런 이름이 있을지도 d
모르네. 그러나 최초의 이름들은 아주 오래되었기 때문에 찾아
내지 못할 수도 있지. 이름들이 온갖 방식으로 뒤틀려 있기 때문
에 옛 어법이 오늘날 이민족의 그것과 아무런 차이가 없다고 해
서 놀랄 일은 결코 아닐 걸세.

헤르모게네스 그런 식의 대답이 아주 터무니없지는 않습니다.

소크라테스 당연하지, 그럴듯한 대답이니까. 그렇지만 경기에서

는 핑계가 통하지 않는 법이므로[246] 이 이름들을 살펴보는 데 심혈을 기울여야 할 것 같네. 이 점을 잘 생각해 보세. 만약 누군가

e 가 이름이 어떤 어구들에서 나왔는지를 묻고, 그 어구들은 다시 또 어떤 어구들에서 나왔는지를 물어서 알아내는 식으로 이 과정을 계속하게 된다면, 대답하는 사람이 결국에는 입을 다물 수밖에 없지 않겠나?

헤르모게네스 제가 보기에는 그렇습니다.

422a 소크라테스 그렇다면 그가 대답을 그만둔다고 할 때 언제 그만두고 멈추어야 마땅할까? 다른 모든 구(句)나 이름들의 요소(要素)가 되는 이름들에 이르렀을 때가 아닐까? 요소가 되는 이름들이라면 더 이상 다른 이름들로 이루어진 것이 아니라고 보아야 마땅할 테니까 말일세. 이를테면 앞서 우리는 '아가톤'(agathon)이 '아가스톤'(agaston)과 '툰'(thoon)[247]으로 이루어졌다고 말했네.[248] 그리고 아마도 '툰'은 다른 이름들로 이루어져 있고, 다시

b 그 이름들은 또 다른 이름들로 이루어졌다고 말할 수 있겠지. 그러나 우리가 더 이상 다른 어떤 이름들로 이루어지지 않은 것을 언젠가 붙잡는다면, 우리는 마침내 요소에 이르렀고 그래서 이것을 더 이상 다른 이름들로 되돌릴 필요가 없다고 말해야 마땅할 걸세.

헤르모게네스 제가 보기에는 옳은 말씀인 것 같습니다.

소크라테스 그렇다면 지금 자네가 묻고 있는 이름들도 요소들

이기 때문에 그것들의 올바름이 무엇인지는 이제 다른 방식으로 살펴봐야겠지?

헤르모게네스 그럴 것 같습니다.

소크라테스 당연히 그럴 걸세, 헤르모게네스. 어쨌든 앞서 말한 이름은 모두 요소들에까지 되돌아간 것으로 보이네. 내가 생각하는 것처럼 그것이 사실이라면, 최초의 이름들[249]의 올바름이 어떠해야 하는지에 대해서 말할 때 내가 터무니없는 말을 하지나 않는지 다시[250] 나와 함께 살펴보세.

헤르모게네스 말씀하세요. 힘닿는 데까지 함께 살펴보겠습니다.

소크라테스 자 그러면, 최초의 이름이든 맨 나중 이름이든 모든 이름에는 하나의 어떤 올바름이 있으며, 이름이라는 점에서는 그것들 사이에 아무런 차이가 없다는 데 자네도 동의하리라 생각하네.

헤르모게네스 당연하죠.

소크라테스 그런데 지금까지 우리가 살펴본 모든 이름의 올바름은 있는 것들 각각이 어떤 것인지를 표현해 줄 수 있는 그런 것을 뜻했네.

헤르모게네스 물론입니다.

소크라테스 따라서 최초의 이름이든 나중 이름이든 그것들이 정말 이름이려면 그 점에서는 마찬가지여야 하네.

헤르모게네스 분명히 그렇죠.

소크라테스 그러나 나중 이름은 앞선 이름을 통해 그것을 성취할 수 있었던 것 같네.

헤르모게네스 그런 것 같습니다.

소크라테스 자, 그런데 다른 이름들에 전혀 기초를 두고 있지 않은 최초의 이름들은 있는 것들을 어떤 방식으로 우리에게 가능한 한 가장 명료하게 드러내 줄 수 있을까? 그것들이 정말 이름이려면 그렇게 해 줄 수 있어야 하네. 다음 물음에 대답해 보게. 만일 우리가 목소리도 혀도 갖고 있지 않으면서 서로에게 사물들에 관해서 표현하려 한다면, 말 못하는 사람들이 실제로 그렇게 하듯이 우리는 손이나 머리나 몸의 다른 어떤 부분으로 표현하려들지 않을까?

헤르모게네스 달리 어떻게 하겠습니까, 소크라테스 선생님?

소크라테스 우리가 위에 있는 것이나 가벼운 것을 표현하려 할 경우에, 우리는 그 사물의 본성을 모방하여 손을 하늘로 들어 올릴 거라고 생각하네. 그리고 아래에 있는 것이나 무거운 것을 표현하려 한다면, 땅으로 손을 내리겠지. 또 우리가 말(馬)이나 다른 어떤 동물이 달리는 것을 표현하려고 할 경우에는, 자네가 알다시피 우리는 자신의 몸과 자세를 그것들과 최대한 닮게 할 것이네.

헤르모게네스 말씀하신 대로 그럴 수밖에 없겠죠.

소크라테스 사실 몸으로 어떤 것을 표현하는 행위는 표현하고자

e

423a

b

하는 대상을 몸이 그와 같이 모방함으로써 이루어지는 것 같네.[251]

헤르모게네스 그렇습니다.

소크라테스 그리고 우리가 목소리나 혀나 입으로 무엇을 표현하려고 할 경우에, 이것들로부터 이루어지는 각 사물에 대한 우리의 표현은, 그것들을 통해서 어떤 사물에 대한 모방이 이루어질 때, 성공하지 않겠나?

헤르모게네스 그럴 수밖에 없을 것 같네요.

소크라테스 그렇다면 이름은 모방의 대상을 목소리로 모방한 것이며, 목소리로 모방하는 사람은 그가 모방하는 대상에 이름을 붙인다고 생각되네.

헤르모게네스 그런 것 같습니다.

소크라테스 제우스께 맹세컨대, 내가 보기에는 전혀 제대로 말 c 한 것 같지 않네.

헤르모게네스 왜죠?

소크라테스 그렇게 되면 양들이나 수탉들이나 그 밖의 동물들을 모방하는 사람들이 자신들이 모방하는 대상들에 이름을 붙인다는 것을 우리가 인정할 수밖에 없을 테니까.

헤르모게네스 맞는 말씀입니다.

소크라테스 여보게, 자네는 그렇게 되면 좋다고 생각하나?

헤르모게네스 아니요, 그렇지 않습니다. 그렇다면 이름은 어떤 종류의 모방물일까요, 소크라테스 선생님?

소크라테스 내 생각에는 먼저, 우리가 시가(詩歌)에서 모방하는
d 것과 똑같은 방법으로 사물들을 모방한다면, 이때 설령 목소리
로 모방을 하더라도, 우리는 사물들에 이름을 붙이는 것은 아니
네. 다음으로, 시가가 모방하는 것들을 우리가 모방하는 경우에
도 마찬가지라네. 내 말은 이런 뜻이네. 사물들 각각에는 소리와
모양이 있으며, 사물들 다수가 빛깔을 갖네, 그렇지?

헤르모게네스 틀림없습니다.

소크라테스 그렇다면 이름을 붙이는 기술은 이것들을 모방하는
기술이 아니며, 이런 모방들과는 아무 상관도 없는 것 같네. 그것
들을 모방하는 기술로는 시가가 있고, 회화술이 있네. 그렇지?

헤르모게네스 그렇습니다.

e 소크라테스 그러면 어떤가? 각 사물에는 빛깔뿐 아니라 우리가
방금 말한 소리와 모양들이 있듯이 본질도 있다고 생각하지 않
나? 먼저, 각각의 빛깔 자체와 소리 자체뿐 아니라 '있다'라는 명
칭을 가질 만한 다른 모든 것도 어떤 본질을 갖고 있지 않나?

헤르모게네스 갖고 있다고 생각합니다.

소크라테스 그렇다면 어떤가? 누군가가 각 사물의 바로 이 본질
을 자모와 음절로 모방할 수 있다면, 그는 각각의 사물이 무엇인
지를 표현할 수 있겠지, 그렇지 않나?[252]

424a 헤르모게네스 물론입니다.

소크라테스 이 일을 할 수 있는 사람을 자네는 뭐라고 부를 텐

가? 앞서 자네가 모방 기술을 가진 자들에 대해서 한쪽을 시가에
능한 사람이라고 했고 다른 쪽을 화가라고 했던 것처럼 이 사람
을 부른다면 뭐하고 부를 건가?

헤르모게네스 소크라테스 선생님, 이 사람은 우리가 이전부터 찾
았던 바로 그 사람이라고 생각합니다. 이름을 붙이는 자겠죠.

소크라테스 자네 말이 맞다면, 이제 우리는 자네가 질문했던 이
름들인[253] '로에'[254], '이에나이'[255], '스케시스'[256]를 놓고, 그가 각 사
물들의 존재[257]를 파악하고서 자모와 음절로 해당 사물의 본질을   b
모방했는지 그렇지 않은지를 살펴봐야 할 것 같네.

헤르모게네스 물론입니다.

소크라테스 자, 그러면 이 이름들만 최초의 이름들인지, 아니면
다른 이름들도 많이 있는지 알아보세.

헤르모게네스 저는 다른 이름들도 있다고 생각합니다.

소크라테스 아마 있을 걸세. 그런데 모방하는 자가 모방을 시작
할 때 사용하는 구별의 방법은 어떤 것일까? 본질에 대한 모방은
음절과 자모를 통해 이루어지므로, 먼저 요소(자모)[258]들을 구별
하는 것이 가장 올바른 순서지? 리듬에 대한 공부를 시작한 사람   c
들이 먼저 요소들의 음가를 구별하고, 그 다음에 음절들의 음가
를 구별하고, 그렇게 한 다음에 비로소 리듬을 살펴보기 시작하
지 그 전에 먼저 리듬을 살펴보지 않는 것처럼 말일세.

헤르모게네스 그렇습니다.

소크라테스 그렇다면 우리도 그렇게 해야 하네. 먼저 모음들을 구별하고, 그 다음에 나머지 자모들을 종류별로 "자음"이면서 "폐쇄음"인 것들과—이 방면의 전문가들이 그렇게 부른다네— 모음도 폐쇄음도 아닌 것들로 구별해야겠지? 그리고 모음들 자

d   체도 서로 종류가 다른 것들을 모두 구별해야겠지? 그리고 이것 들을 구별했을 때, 이번에는 이름을 붙여야 하는 '있는 것들' 모 두를 잘 구별해야 하네. 그래서 이름이 자모들로 되돌려지듯이, 있는 것들이 모두 되돌려질 수 있는 자모와 같은 요소들이 있는 지, 즉 있는 것 자체를 알 수 있게 해 주는 있는 것들의 구성 요 소들이 있는지, 그리고 요소(자모)들에 여러 종류들이 있듯이, 있 는 것들에도 여러 종류들이 있는지를 알아야 하네. 이 모든 것들 을 잘 검토했을 때, 우리는 자모들 각각을 닮음의 관점에서 사물 (있는 것)에 적용할 줄 알아야 하네. 하나의 사물에다 하나의 자 모를 적용하든 여러 자모를 섞어서 적용하든 말일세. 이는 마치 화가들이 하는 일과도 같네. 화가들은 무엇을 묘사하려고 할 때,

e   보라색만을 사용할 때가 있고 다른 색을 사용할 때가 있네. 그리 고 여러 색을 섞어서 사용할 때도 있는데, 이를테면 사람의 초상 화나 그런 종류의 어떤 그림을 그릴 때가 그렇다네. 그들이 그렇 게 하는 것은 각 상(像)마다 특정한 색이 필요하다고 보기 때문 이라고 생각하네. 우리도 그와 같은 방식으로 사물들에 요소(자 모)들을 적용하려고 하네. 필요하다고 생각될 경우에 한 사물에

다 하나의 요소(자모)를 적용하기도 하고, 여러 요소(자모)를 같
이 적용해서 '음절'이라고 부르는 것을 만들거나, 이름들과 동사 425a
들의 구성 요소가 되는 음절들의 조합을 만들기도 할 것이네. 그
리고 다시 이름들과 동사들로부터 마침내 중요하면서도 잘된 전
체로서의 어떤 것을 구성해 낼 것이네. 화가가 회화술로 초상화
를 그리듯이, 바로 이 단계에서부터 우리는 이름을 붙이는 기술
이나 수사술, 또는 어떤 기술이 됐든 간에 그것을 가지고 문장을
구성할 것이네. 아니지, 우리가 구성하는 것이 아닐세. 말을 하
다 보니 너무 지나쳤네. 옛사람들은 있는 그대로의 방식으로 구
성을 했으니까 말일세. 우리가 이 모든 것을 기술적(技術的)으로
고찰하는 법을 알고자 한다면, 그것들을 앞서 말한 방식으로[259]
구별하고, 그렇게 한 다음에 최초의 이름들과 나중 이름들이 적   b
절하게 붙여졌는지 아닌지를 관찰해야 하네. 다른 방식으로 이
름들을 연결 짓는 것은 좋지 않을 뿐더러 체계적이지도 않네, 헤
르모게네스.

헤르모게네스 제우스께 맹세컨대 아마도 그럴 것 같습니다, 소크
라테스 선생님.

소크라테스 그러면 어떤가? 자네는 자신이 그것들을 그런 방식으
로 구별할 수 있다고 생각하나? 나 자신은 못한다고 생각하네만.

헤르모게네스 그러시다면 저야말로 어림도 없죠.

소크라테스 그럼 그만둘까? 아니면 이 이름들에 대해 조금이라

c　도 알 수 있다면 우리가 할 수 있는 데까지 해 봤으면 하나? 조금 전에[260] 신들에 관해서는 우리가 진상을 전혀 모르기 때문에 그들에 대한 사람들의 생각을 그대로 말할 뿐이라고 신들께 미리 고한 후에 논의를 해 나갔던 것처럼, 이번에는 우리 자신에게 이렇게 말하고 나서 논의를 해 나가는 것이 어떻겠나? 우리가 하든 다른 누군가가 하든 간에 이름들을 기술적으로 구별해야 한다면, 앞서 말한 방식으로 그것들을 구별해야 하는데, 지금 우리로서는 속담처럼 "온 힘을 다해"[261] 그것들에 매진해야 할 것이라고 말일세. 자네는 여기에 동의하나? 아니면 어떻게 생각하나?

헤르모게네스　물론이죠, 동의하다마다요.

d　소크라테스　헤르모게네스, 사물들은 자모와 음절에 의한 모방을 통해서 명료하게 드러난다는 설명이 우습게 여겨질 거라고 생각하네. 그렇지만 어쩔 수 없는 일이네. 왜냐하면 최초의 이름들의 참됨에 관한 한 우리가 의지할 설명으로 이보다 더 좋은 것을 우리는 가지고 있지 않기 때문이네. 마치 비극 시인들이 곤경에 처할 때마다 장치에 의지해서 신들을 등장시키듯이,[262] 우리도 그렇게 하기를 자네가 원하지 않는다면 말일세. 신들이 최초의 이름들을 붙였고 그렇기 때문에 그 이름들이 옳다고 말하는 것으

e　로 우리가 곤경을 벗어날 수 있으니까. 과연 이것이 우리가 가진 최선의 설명일까? 아니면 우리는 최초의 이름들을 어떤 이민족 사람들로부터 받아들였는데, 그들은 우리보다 더 오래전부터 살

앉던 사람들이라는 설명이 최선일까? 아니면 이민족어로 된 이
름들을 살펴볼 수 없듯이, 최초의 이름들도 오래됐기 때문에 살
펴볼 수 없다는 설명이 최선일까? 사실 이런 설명들은 모두 최초
의 이름들이 어떻게 해서 올바르게 붙여졌는지 설명하기 꺼리는
사람들에게는 아주 교묘한 탈출구가 되겠지. 그러나 어떤 식으
로든 간에 최초의 이름들의 올바름을 알지 못하면, 나중 이름들
의 올바름을 아는 것도 불가능하네. 나중 이름들은 그가 전혀 모
르는 최초의 이름들을 통해서만 밝혀질 수밖에 없으니까. 그렇
다면 나중 이름들에 대한 기술(技術)을 가졌다고 주장하는 사람
은 무엇보다도 최초의 이름들을 최대한 명료하게 설명할 수 있
어야 한다는 것은 분명하네. 그렇지 않으면 나중 이름들에 대해
터무니없는 말을 하게 될 거라는 점을 그는 잘 알아야 하네. 자
네 생각은 다른가?

헤르모게네스 아니요, 조금도 다르지 않습니다, 소크라테스 선
생님.

소크라테스 그런데 최초의 이름들에 대해 내가 가진 생각은 내가
보기에도 몹시 주제넘고 우스운 것 같네. 그래도 자네가 원한다
면 내 생각을 자네와 같이 나누겠네. 그러나 자네가 그것들을 파
악하는 더 좋은 방법을 어디에서든 갖게 된다면 나와 같이 나누
도록 하세.

헤르모게네스 그렇게 하겠습니다. 그러니 주저하지 마시고 말씀

해 주시죠.

c 소크라테스 먼저 로(r)는, 내가 보기에는, 온갖 종류의 운동을 나타내는 도구와도 같은 것이라 여겨지네. 운동이 왜 '키네시스'(kinēsis)라는 이름을 갖는지 아직 우리가 말하지 않았네만, 그것이 돌진(hesis)²⁶³을 뜻한다는 것은 분명하네. 예전에는 우리가 에타(ē)를 쓰지 않고 엡실론(e)을 썼기 때문이지. 그리고 첫 부분은 외국 이름인 '키에인'(kiein)에서 왔는데, 이것은 '이에나이'²⁶⁴와 같은 말이네. 따라서 지금 우리의 '키네시스'에 해당하는 옛 이름을 찾고자 한다면 '헤시스'(hesis)가 올바른 이름일 것이네. 그러나 외국 이름인 '키에인'(kiein)에서 엡실론(e)을 에타(ē)로 바꾸고 뉘(n)를 넣은 결과 현재는 '키네시스'라고 부른다네. 실제로는 '키에이에시스'(kieiesis)나 '키에시스'(kiesis)라고 불렀어야 하지만 말이네.

d 한편, '스타에시스'(staesis)²⁶⁵는 '나아가다'(ienai)의 부정을 뜻하는데, 윤색으로 인해서 '스타시스'(stasis)라 부르게 됐네. 그런데 이름을 붙이는 사람은 움직임을 묘사하는 데는 요소(자모) 로(r)가, 내가 말했듯이, "운동을 나타내는 훌륭한 도구"라고 생각했네. 어쨌든 그는 로(r)를 자주 그런 목적으로 사용한다네. 그는 먼저 '레인'²⁶⁶과 '로에'²⁶⁷에서 움직임을 이 자모에 의지해 모방하지. 그 다

e 음에는 '트로모스'²⁶⁸와 '트레케인'²⁶⁹에서, 그리고 더 나아가 '크루에인'²⁷⁰, '트라우에인'²⁷¹, '에레이케인'²⁷², '트륍테인'²⁷⁴, '케르마티제인'²⁷⁴, '뤼베인'²⁷⁵과 같은 동사들에서 그와 같은 모든 움직임을

대개 로(r)를 사용해서 묘사하네. 왜냐하면, 내가 생각하기에, 이 자모를 발음할 때 혀가 가장 적게 멈추어 있고 가장 많이 요동한 다는 것을 그가 알았기 때문이지. 그가 이 이름들에 이 자모(r)를 사용한 이유는 그 때문인 것 같네. 그런가 하면 그는 모든 것을 가장 잘 통과(관통)할 수 있는 미세한 것들[276]에는 모두 이오타(i) 를 사용하네. 그렇기 때문에 그는 나아감(ienai)과 돌진함(hiesthai) 을 이오타(i)에 의지해서 모방하는 것이네. 마찬가지로 그는 '프 쉬크론'[277], '제온'[278], '세이스타이'[279] 그리고 '세이스모스'[280]와 같은 종류의 모든 이름에서는 피(ph), 프세이(ps), 시그마(s) 그리고 제 타(z)에 의지해서 그 뜻을 모방하고 그렇게 이름을 붙였다네. 이 자모들은 모두 센 호흡과 함께 발음되기 때문이지. 그래서 이름 을 붙이는 사람이 바람이나 호흡(physōdes)을 모방할 때는 언제 나 이와 같은 자모들을 주로 덧붙이는 것 같네. 그런가 하면 그는 델타(d)와 타우(t)를 발음할 때 혀의 압박하고 저항하는 힘이 속 박(desmos)과 정지(stasis)를 모방하는 데 유용하다고 생각한 것으 로 보이네. 그리고 그는 특히 람다(l)를 발음할 때 혀가 미끄러지 는 것(olisthanei)을 관찰하고서 그것을 닮게 만든 이름으로 바로 이 '올리스타네인'[281]을 비롯해서 '레이온'[282], '리파론'[283], '콜로데 스'[284], 그리고 이런 종류의 다른 모든 이름을 지었네. 또 그는 감 마(g)의 힘이 혀의 미끄러짐을 멈추게 하는 방법으로 '찐득찐득 한' 것(glischron)[285], '달콤한' 것(glyky)[286], 그리고 '끈적거리는' 것

427a

b

c (gloiōdes)[287]을 모방했네. 그런가 하면 그는 뉘(n)의 소리가 안에서[288] 난다는 것을 알고 그 상태를 자모들로 모방한다는 생각에서 '엔돈'[289]과 '엔토스'[290]를 지었네. 또한 그는 알파(a)를 '메가'[291]에, 그리고 에타(ē)를 '메코스'[292]에 배정했는데, 그 이유는 이 자모들이 크기 때문이네.[293] 그리고 그는 둥근 것을 표시하기 위해 오미크론(o)이라는 기호를 필요로 했고, 이 자모를 가장 많이 섞어서 '공귈론'[294]이라는 이름을 지었네. 그 밖에 다른 자모들도 마찬가지라네. 입법가는 있는 것들 각각에 기호나 이름을 붙일 때, 자모와 음절의 수준으로 돌아가서 거기서부터 바로 그 자모와 음절에 의지하여 이름을 붙일 대상을 모방하고 그렇게 해서 나머

d 지 모든 이름을 구성했던 것 같네. 헤르모게네스, 내가 보기에는 이름의 올바름이란 바로 이런 뜻인 것 같네. 여기 있는 크라틸로스가 다른 주장을 하지 않는다면 말일세.

헤르모게네스   정말이지 소크라테스 선생님, 처음에 제가 말씀드렸듯이, 크라틸로스는 자주 저를 몹시 곤란하게 만듭니다. 이 친구는 이름들에는 올바름이 있다고 주장하면서도 그것이 무엇인지는 도무지 분명하게 말하지 않으니까요. 그래서 저는 이 친구가 그 문제에 관해서 매번 일부러 그렇게 불분명하게 말하는 것

e 인지, 아니면 본의 아니게 그러는 것인지 알 수가 없습니다. 그러니까 크라틸로스, 이제 소크라테스 선생님 앞에서 내게 말해 주게. 자네는 소크라테스 선생님께서 이름들에 대해서 해 주신 설

명에 만족하나? 아니면 자네가 더 좋은 다른 설명을 해 줄 수 있
나? 있다면 해 주게. 그렇게 하면 자네가 소크라테스 선생님한테
서 배우든가, 아니면 선생님과 나를 가르치든가 하게 될 걸세.

크라튈로스 무슨 말인가, 헤르모게네스? 가장 중요한 문제들 가
운데 하나라고 생각되는 이런 문제는 말할 필요도 없지만, 어떤
문제든 그렇게 빨리 배우거나 가르치기가 쉽다고 생각하나?

헤르모게네스 제우스께 맹세컨대 그렇게 생각하지 않네. 하지만   428a
내가 보기에 "비록 누군가가 작은 것에 작은 것을 보탠다 하더
라도 그것은 유익한 일이네"[295]라는 헤시오도스의 시구는 훌륭한
것 같네. 그러니까 자네가 조금이라도 더 보탤 수 있다면 물러서
지 말고 여기 계신 소크라테스 선생님도 도와 드리고 ─선생님
께는 그렇게 해야 마땅하네─ 나도 도와주게.

소크라테스 정말 그렇게 해 주게 크라튈로스. 나로서는 내가 말
한 어떤 것도 확신할 수가 없다네. 단지 나는 헤르모게네스와 같
이 살펴보면서 갖게 된 내 생각을 말했을 뿐이네. 그러니 주저
하지 말고 말해 주게. 자네가 더 좋은 견해를 가지고 있다면 기꺼   b
이 받아들이겠네. 물론 자네가 가진 견해가 내 것보다 더 훌륭하
다 해도 놀라진 않겠네. 자네는 스스로 그런 문제들을 살펴보았
을 뿐 아니라 다른 사람에게서도 배운 것 같으니까 말일세. 그러
니까 자네가 더 좋은 견해를 가지고 있다면, 이름들의 올바름에
관해서 자네한테 배우는 학생들 가운데 한 사람으로 나도 명단에

넣어 주게.

크라튈로스   그렇습니다, 소크라테스 선생님. 선생님 말씀대로, 저는 이 문제에 관심을 기울여 왔고, 그래서 어쩌면 선생님을 학
c   생으로 삼을 수 있을지도 모르겠습니다. 하지만 완전히 그 반대가 되지 않을까 두렵습니다. 왠지 아킬레우스의 말을 선생님께 해 드려야겠다는 생각이 퍼뜩 들었거든요. 그는 『탄원(歎願)』에서 아이아스에게 이렇게 말합니다.[296]

제우스의 자손으로 텔라몬의 아들이며 백성들의 지배자인 아이아스여,
그대가 하는 이야기는 모두 내 맘에 드는 것 같구려.

소크라테스 선생님, 제가 보기에는 선생님께서 하시는 예언도 무척 제 맘에 쏙 드는 것 같습니다. 에우튀프론한테서 영감을 받으셨든, 아니면 다른 어떤 무사께서 알지 못하는 사이에 선생님 속에 한참 동안 있은 탓이든 간에 말입니다.
d   소크라테스   여보게 크라튈로스, 하지만 나는 벌써부터 나 자신의 지혜를 놀라워하면서 의심스럽게 여기고 있었네. 그래서 나는 내가 대체 무슨 말을 하고 있는지 다시 살펴봐야 한다는 생각이 든다네. 자기 자신을 속이는 것은 무엇보다도 가장 고약한 일이니까. 속이는 자가 잠시도 떠나지 않고 줄곧 곁에 있다면 어찌 끔

찍한 일이 아니겠나? 그러니까 앞서 우리가 말한 것들로 자주 되돌아가서 저 시인의 말대로[297] "앞뒤로 모두"[298] 살펴봐야 할 것 같네. 특히나 지금이 그런 경우니까, 우리가 무슨 말을 했는지 보기로 하세. 우리는 이름의 올바름은 사물이 어떠한지를 드러내는 데 있다고 말했네.[299] 이 말을 우리는 충분하다고 봐야 할까?   e

크라튈로스 제가 보기에는 더할 나위 없이 충분한 것 같습니다.

소크라테스 그렇다면 이름을 부르는 것은 가르치기 위한 것인가?[300]

크라튈로스 물론입니다.

소크라테스 그렇다면 우리는 그것을 위한 기술도 있고 이 기술을 가진 장인들도 있다고 말해야겠지?

크라튈로스 물론입니다.

소크라테스 그들은 누구지?

크라튈로스 선생님께서 처음에 말한 사람들이죠.[301] 입법가들 말   429a
입니다.

소크라테스 그러면 이 기술도 다른 모든 기술들처럼 사람들 사이에서 생겨났다고 말해야 할까 어떨까? 내 말은 이런 뜻이네. 더 못한 화가들이 있는가 하면 더 훌륭한 화가들이 있지?

크라튈로스 그렇죠.

소크라테스 더 훌륭한 화가들은 자신의 작품인 그림을 더 아름답게 만들어 내지만, 더 못한 화가들은 더 형편없게 만들어 내지? 건축가들도 마찬가지네. 집을 더 훌륭하게 짓는 건축가들이 있는가 하면, 더 보잘것없게 짓는 건축가들이 있지?

크라튈로스 그렇죠.

b   소크라테스 그렇다면 입법가들도 개중에는 자신의 작품을 더 훌륭하게 만들어 내는 사람들이 있는가 하면 더 보잘것없게 만들어 내는 사람들이 있는 거지?

크라튈로스 아니요, 그것은 그렇지 않다고 생각합니다.

소크라테스 그렇다면 자네는 어떤 법률은 좋지만 어떤 법률은 나쁘다고 생각하지 않는다는 말인가?

크라튈로스 그렇습니다.

소크라테스 이름의 경우도 그럴 것 같은데, 그러니까 자네는 어떤 이름은 훌륭하고 어떤 이름은 훌륭하지 않다고 생각하지 않는 거지?

크라튈로스 물론입니다.

소크라테스 그렇다면 이름들은 모두 올바르게 붙여진 것인가?

크라튈로스 적어도 이름인 한에서는 모두 그렇죠.

소크라테스 그러면 우리가 앞서 말했던[302] 여기 이 헤르모게네스

c   의 이름은 어떤가? 혹시 헤르모게네스가 헤르메스의 혈통과는 아무런 관계가 없다면, 우리는 '헤르모게네스'가 전혀 그의 이름이 아니라고 말해야 할까? 아니면 그의 이름이기는 하지만 올바로 붙여진 이름은 아니라고 말해야 할까?

크라튈로스 소크라테스 선생님, 저는 전혀 그의 이름이 아니라

고 생각합니다. 그의 이름인 것처럼 보이지만, 실은 다른 사람의 이름, 그러니까 '헤르모게네스'라는 이름의 뜻을 드러내는 본성[303]을 가진 자, 바로 그 사람의 이름이죠.

소크라테스 누군가가 "그는 헤르모게네스다"라고 말할 때, 그는 전혀 거짓말하고 있지 않은 것인가? 그가 헤르모게네스가 아니라면 "그는 헤르모게네스다"라고 말하는 것조차 불가능하지 않을까?

크라튈로스 무슨 뜻이죠?

소크라테스 거짓을 말하는 것은 전적으로 불가능하다는 것, 자네 주장은 이런 뜻을 담고 있지? 여보게 크라튈로스, 그런 주장을 하는 사람들이 예나 지금이나 많이 있으니까 하는 말일세.

크라튈로스 소크라테스 선생님, 누구든 자신이 말하는 바로 그것을 말하면서 어떻게 있는 것을 말하지 않을 수 있겠습니까? 거짓을 말한다는 것은 있는 것들을 말하지 않는 것[304]이잖아요?

소크라테스 여보게, 자네 논변은 나나 내 연령의 사람에게는 너무 교묘하네. 하지만 이 물음만큼은 나에게 대답해 주게. 거짓을 말하는 것은 불가능하지만, 거짓을 주장하는 것은 가능하다고 생각하나?

크라튈로스 주장하는 것도 불가능하다고 생각합니다.

소크라테스 거짓을 입 밖에 내는 것도, 누구에게 건네는 것도 불가능하고? 이를테면 외국에서 누가 자네를 만나 악수를 하면서

d

e

"반갑습니다, 아테네에서 온 손님, 스미크리온의 아들, 헤르모게 네스!"라고 말한다고 해 보세. 그가 이 말을 하거나 주장하거나 입 밖에 내거나 건넨 것은 자네한테가 아니고 여기 이 헤르모게 네스한테 한 것일까? 아니면 아무한테도 한 것이 아닐까?

크라튈로스 소크라테스 선생님, 제 생각에 그는 말을 한 것이 아니라 단지 목소리를 냈을 따름입니다.

430a 소크라테스 그거 반가운 대답이로군. 그렇다면 그가 목소리로 표현한 것들은 참일까, 거짓일까? 아니면 그중 일부는 참이지만 일부는 거짓일까? 이 물음으로도 충분할 걸세.

크라튈로스 저는 그가 자신에게 무의미한 자극을 주어서 잡음을 냈을 따름이라고 주장할 겁니다. 마치 청동 그릇을 두들겨서 자극하듯이 말입니다.

소크라테스 자, 그렇다면 크라튈로스, 우리가 어떻게든 타협할 수 있을지 생각해 보세. 이름과 이름을 갖는 사물은 별개의 것이라고 자네는 주장하겠지?

크라튈로스 저는 그렇게 주장할 겁니다.

b 소크라테스 그럼 이름이 사물에 대한 모방물의 일종이라는 데도 동의하지?

크라튈로스 전적으로요.

소크라테스 : 그리고 자네는 그림들도 사물들에 대한 다른 종류 의 모방물이라고 말하지?

크라튈로스   그렇습니다.

소크라테스   자, 그렇다면 살펴보세. 어쩌면 자네는 옳은 말을 하고 있는데, 내가 자네 말을 이해하지 못하고 있을지도 모르니까. 그림과 이름, 이 두 모방물을 우리는 모방의 대상인 사물들에게 배정해 주고 적용할 수 있지, 그렇지 않나?

크라튈로스   할 수 있죠.   c

소크라테스   그러면 먼저 이것부터 살펴보게. 우리는 남자의 상(像)은 남자에게 배정하고, 여자의 상은 여자에게 배정하며, 다른 것들도 모두 그렇게 할 수 있지?

크라튈로스   물론입니다.

소크라테스   반대로, 남자의 상을 여자에게, 여자의 상을 남자에게 배정할 수도 있지?

크라튈로스   그럴 수도 있죠.

소크라테스   그렇다면 이 두 배정이 모두 옳은가, 아니면 한쪽만 옳은가?

크라튈로스   한쪽만 옳지요.

소크라테스   각 사물에다 그것에 적합하고 닮은 것을 배정해 주는 쪽을 말하는 것 같군.

크라튈로스   저는 그렇게 생각합니다.

소크라테스   그런데 자네와 나는 친구니까, 우리가 논의 과정에   d
서 다투지 않으려면 내가 주장하는 것을 받아들이게. 여보게, 나는 그림과 이름, 이 두 모방물의 배정에서 처음에 말한 배정을 올바른 배정이라 부르되, 이름의 경우는 올바를 뿐만 아니라 참되기도 한 배정이라고 부르네. 그러나 닮지 않은 모방물을 부여하고 적용하는 두 번째 것은 올바르지 않은 배정이라 부르는데, 이름의 경우는 거짓된 배정이라고도 부르네.

크라튈로스 그렇지만 소크라테스 선생님, 그림에서는 올바르지 않은 배정이 가능하지만, 이름의 경우는 그렇지가 않고 언제나 옳을 수밖에 없습니다.

e

소크라테스 무슨 말인가? 그 둘의 차이가 뭐지? 누가 어떤 남자에게 다가가서 "이것이 당신의 초상화입니다"라고 말하고, 그에게 마침 그 사람 자신의 상(像)을 보여 줄 수도 있고, 어쩌다 여자의 상을 보여 줄 수도 있지 않겠나? 내가 말하는 '보여 준다'는 눈의 감각에 가져다 놓는다는 뜻이네.

크라튈로스 당연히 그럴 수 있죠.

소크라테스 어떤가? 바로 그 남자에게 다시 다가가서 "이것이 당신의 이름입니다"라고 말할 수 있겠지? 그림과 마찬가지로 이름도 모방물이네. 그러니까 내 말은 이런 뜻일세. 그에게 "이것이 당신의 이름입니다"라고 말하고, 그 다음에 마침 "남자"라고 말해서 그 남자의 모방물을 그의 청각에 가져다 놓을 수도 있고, 어쩌다 "여자"라고 말해서 인간 종의 한편인 여성의 모방물을 가져다 놓을 수도 있지 않겠나? 자네는 이런 일이 있을 수 있고 때

431a

때로 일어난다고 생각하지 않나?

크라튈로스 선생님 말씀에 동의하고 싶습니다, 소크라테스 선생님. 그러니까 그렇다고 해 두죠.

소크라테스 여보게, 그건 자네가 잘하는 거네. 사실이 그렇다면 말일세. 지금은 이 문제를 놓고 우리가 절대 다투어서는 안 되기 때문이지. 따라서 이름의 경우에도 그와 같은 어떤 배정이 일어 b 난다면, 우리는 그중에 한쪽은 '참말 한다'라고 하고, 다른 쪽은 '거짓말 한다'라고 할 작정이네. 그러나 그렇다고 한다면, 그러니까 이름들을 올바로 배정하지 못할 수가 있고 그래서 각 사물에 적합한 이름들을 배정하지 못하고 때때로 적합하지 않은 이름들을 배정할 수도 있다면, 똑같은 일이 동사들에 대해서도 일어날 수 있겠지. 동사들이나 이름들이 그런 식으로 붙여질 수 있다면, 문장(文章)의 경우도 마찬가지일 수밖에 없네. 내가 생각하기에, c 문장은 동사와 이름(명사)의 결합이니까. 자네는 어떻게 생각하나, 크라튈로스?

크라튈로스 저도 그렇게 생각합니다. 선생님께서 제대로 말씀하신 것 같으니까요.

소크라테스 나아가서 최초의 이름들을 그림에 비유하자면, 그림에다 적합한 색과 형태들을 모두 배정할 수도 있고, 모두는 아니고 어떤 것들은 빼고 어떤 것들은 덧붙일 수도 있는데, 그 양과 크기가 너무 많거나 적을 수 있는 것처럼, 최초의 이름들도 마찬가지네. 그렇지 않나?

크라튈로스 그렇습니다.

소크라테스 따라서 적합한 색이나 형태들을 모두 배정하는 사람은 좋은 그림과 상(像)들을 만들어 내지만, 덧붙이거나 빼는 사람은 그 역시 그림과 상들을 만들어 내기는 하나 나쁜 것을 만들어 내겠지?

d 크라튈로스 그렇습니다.

소크라테스 음절들과 자모들을 통해 사물들의 본질을 모방하는 사람은 어떤가? 같은 이치에 따라서 그가 적합한 음절이나 자모를 모두 배정한다면 상(像)이, 다시 말해서 이름이, 훌륭하겠지만, 그가 경우에 따라 조금이라도 빼거나 덧붙인다면, 상은 생길지라도 훌륭하지는 않겠지? 그래서 어떤 이름들은 훌륭하게 만들어지지만 어떤 이름들은 나쁘게 만들어지겠지?

크라튈로스 아마 그렇겠죠.

e 소크라테스 따라서 아마도 이름을 잘 만드는 장인이 있는가 하면 못 만드는 장인이 있겠지?

크라튈로스 그렇습니다.

소크라테스 그리고 그 장인의 이름은 '입법가'였지?

크라튈로스 그렇습니다.

소크라테스 그러므로 제우스께 맹세컨대, 다른 모든 기술에서 그렇듯이, 아마도 입법가 역시 훌륭한 입법가가 있는가 하면 형

편없는 입법가가 있을 것이네. 앞서 말한 것들에 우리가 동의한
다면 말일세.

크라튈로스   그건 그렇습니다. 하지만 보십시오, 소크라테스 선
생님. 알파와 베타, 이 자모들뿐 아니라 다른 자모들 각각을 문
법술에 따라 이름들에 배정할 때, 우리가 어떤 자모를 빼거나 덧   432a
붙이거나 자리를 바꾼다면, 우리는 이름을 쓰긴 했지만 틀리게
쓴 것이 아니고 아예 쓰지 못한 것입니다. 이름이 그런 일을 겪
는다면 곧바로 다른 이름이 되죠.

소크라테스   그런 식으로 살펴봐서는 우리가 제대로 살펴보지 못
할 것 같네, 크라튈로스.

크라튈로스   왜 그렇죠?

소크라테스   아마도 수들이 자네가 말한 그런 일을 겪을 것 같네.
모든 수들은 어떤 수이거나 자신과 다른 수일 수밖에 없으니까.
이를테면 10이든 아니면 자네가 원하는 다른 어떤 수든 거기서
어떤 수를 빼거나 더하면 곧바로 다른 수가 되지. 그러나 이것은   b
어떤 성질이나 상(像) 일반에 적용되는 올바름이 아니네. 오히려
정반대로 상은, 그것이 상이려면, 상이 묘사하는 대상의 성질 모
두를 상에 배정해서는 결코 안 되네. 내 말에 일리가 있는지 살
펴보게. 다음과 같은 경우에 크라튈로스와 크라튈로스의 상, 이
두 가지 사물이 있는 걸까? 어떤 신이 자네의 빛깔과 모습을 마
치 화가들처럼 재현할 뿐 아니라 속의 것들까지도 모두 자네의

것과 똑같게 만들어서, 부드러움도 따뜻함(체온)도 똑같이 배정

c 하고, 운동도 혼도 분별도 자네에게 있는 것과 똑같게 해서 넣는

다면, 한마디로 자네가 가진 모든 것의 복제를 자네 곁에 놓는다

고 해 보세. 이때 크라튈로스와 크라튈로스의 상이 있는 걸까,

아니면 두 크라튈로스가 있는 걸까?

크라튈로스 제가 보기에는 두 크라튈로스가 있을 것 같습니다,

소크라테스 선생님.

소크라테스 그렇다면 여보게, 상(像)이나 우리가 지금까지 논의

d 해 온 이름들에 대해서는 다른 종류의 올바름을 찾아야 하며, 무

엇이 빠지거나 더해지면 더 이상 상(像)이 아니라고 강변해서는

안 된다는 것을 알겠지? 상은 상이 묘사하는 대상과 똑같은 성질

을 갖지 못한다는 것을[305] 깨닫지 않았나?

크라튈로스 그렇습니다.

소크라테스 아무튼 크라튈로스, 이름들이 모든 점에서 사물들을

완전히 닮는다면, 이름을 갖는 사물들은 이름들로 말미암아 우스

꽝스러운 일을 겪을 것이네. 모든 것이 둘씩 있게 되어서 그중에

어떤 것이 사물이고 어떤 것이 이름인지 말할 수가 없을 테니까.

크라튈로스 맞는 말씀입니다.

소크라테스 그러니까 여보게 훌륭한 친구, 이름의 경우도 잘 붙

여진 이름이 있고 잘못 붙여진 이름이 있다는 것을 주저하지 말

e 고 받아들이게. 그리고 이름은 이름 붙여지는 사물과 똑같아지

132

게끔 모든 자모를 가져야 한다고 강변하지 말고, 적합하지 않은 자모도 이름에 쓰인다는 것을 인정하게. 그리고 자모가 그렇다면 구(句)에 포함된 이름도 마찬가지네. 그리고 이름이 그렇다면 사물들에 적합하지 않은 구(句)가 문장 속에 쓰일 수도 있네. 그러나 그럼에도 말로 표현되는 사물의 개괄적인 특징이 말 속에 들어 있는 한, 사물은 이름을 가지며 말로 표현되네. 이것은 요 433a소(자모)들의 이름에서 그랬던 것과 마찬가지네. 나와 헤르모게네스가 앞서 말했던 것[306]을 자네가 기억한다면 말일세.

크라튈로스 기억하고 있죠.

소크라테스 잘 됐네. 사물의 개괄적인 특징이 들어 있다면, 이름이 적합한 자모를 모두 가지고 있지 않아도 사물은 말로 표현될 것이네. 다만, 이름이 적합한 자모를 모두를 가지고 있을 때는 정확하게 표현되겠지만, 적게 가지고 있을 때는 부정확하게 표현되겠지. 그러니까 여보게, 이것을 우리가 받아들이도록 하세. 밤늦게 아이기나의 길거리를 배회하는 사람들처럼[307], 우리도 정 b도 이상으로 너무 늦게 사물들에 도착한 자들로 정말 그렇게 여겨져서 비난 받지 않으려면 말일세. 아니면 다른 종류의 올바름을 찾도록 하게. 그리고 이름은 음절과 자모로 사물을 표현하는 수단이라는 데 동의하지 말게. 자네가 이 두 가지를 함께 주장한다면 자가당착에 빠질 수가 있을 테니까.

크라튈로스 이치에 맞는 말씀을 하셨다고 생각합니다, 소크라테스 선생님. 선생님 말씀대로 받아들이겠습니다.

소크라테스 그러면 여기에 대해서는 우리가 동의를 했으니까 그 다음으로 이 문제를 살펴보세. 우리가 말했다시피 이름이 잘 붙 여지려면 적합한 자모를 가져야 하지?

크라튈로스 그렇죠.

c 소크라테스 사물과 닮은 자모들이 적합하겠지?

크라튈로스 당연하죠.

소크라테스 그렇다면 잘 붙여진 이름들은 그렇게 붙여진 것이 네. 그러나 어떤 이름이 잘 못 붙여졌다면, 아마도 그것의 대부 분은 적합하고 닮은 자모들로 ─그것이 정말 상(像)이려면─되어 있으나 적합하지 않은 것도 포함하고 있어서, 그것 때문에 좋은 이름이 못되고 잘못 지어졌을 가능성이 있네. 이것이 우리의 주 장이지? 아니면 다른가?

크라튈로스 논쟁해도 아무 소용없다고 생각합니다, 소크라테스 선생님. 그러나 잘못 붙여졌음에도 불구하고 이름이라고 말하는 것은 저로서는 만족스럽지 않습니다.

d 소크라테스 이름은 사물을 표현하는 수단이라는 점이 자네에게 만족스럽지 않다는 건가?

크라튈로스 저로서는 그렇습니다.

소크라테스 그러면 자네는 이름들 가운데 어떤 것들은 이전의 이름들이 결합해서 된 것이고 어떤 것들은 최초의 것이라는 주장은 옳다고 생각하나?

크라튈로스 제가 보기엔 그렇습니다.

소크라테스 그러나 최초의 이름들이 무엇인가를 표현하는 수단
이 되려면, 이름들을 표현 수단이 되게 하는 방식으로서, 이름들
을 그 이름들이 표현해야 하는 사물들과 최대한 닮게 만드는 것
보다 더 좋은 방식을 자네는 알고 있나? 아니면 헤르모게네스를   e
비롯해서 다른 많은 사람들이 주장하는 방식이 자네에게 더 만
족스러운가? 이름은 합의된 표시로서 합의를 한 사람들, 그러니
까 이름을 붙일 사물을 미리 알고 있는 사람들에게 그 사물을 표
현해 주며, 바로 이 합의가 이름의 올바름이라는 것이 그들의 주
장이네. 누군가 현재 합의된 그대로 합의를 하든 그 반대로 합의
를 하든 전혀 차이가 없다는 것이지. 현재 작다고 부르는 것을
크다고 부르고 현재 크다고 부르는 것을 작다고 부르기로 합의
하든 말일세. 어떤 방식이 자네에게 만족스러운가?

크라튈로스 표현하는 대상이 무엇이든 간에 그것과의 닮음에 의   434a
지해서 표현하는 쪽이 우연적인 것에 의지해서 표현하는 쪽보다
모든 점에서 전적으로 뛰어납니다, 소크라테스 선생님.

소크라테스 대답 잘했네. 그렇다면 이름이 정말 사물과 닮으려
면, 최초의 이름들을 구성하는 요소(자모)들은 사물과 본래 닮은
것일 수밖에 없지? 이렇게 설명해 보겠네. 우리가 앞에서 했던
비유로 돌아가서,[308] 만약 그림을 구성하는 물감들이 화가의 기   b

술(회화술)이 모방하는 사물들과 본래 닮아 있지 않다면, 누구라도 있는 것들 가운데 어떤 것과 닮은 그림을 구성해 낼 수 있을까? 아니면 불가능할까?

크라튈로스 불가능하죠.

소크라테스 따라서 그와 마찬가지로 이름의 구성 요소들이 이름의 모방 대상인 사물과 뭔가 닮은 점을 처음부터 가지고 있지 않다면, 이름들 역시 어떤 것과도 결코 닮을 수 없겠지? 그리고 이름의 구성 요소들이란 자모들이지?

크라튈로스 그렇습니다.

소크라테스 그러면 조금 전에 헤르모게네스가 나와 함께 참여했던 논의에 이제 자네도 참여하게. 자, 자네는 로(r)가 움직임, 운동, 그리고 단단함(sklērotēs)을 닮았다고 했던 내 말이[309] 옳다고 생각하나? 아니면 그렇지 않나?

c

크라튈로스 저는 옳다고 생각합니다.

소크라테스 그리고 람다(l)는 매끄러운 것, 부드러운 것, 그리고 우리가 조금 전에 말한 것들[310]을 닮았지?

크라튈로스 그렇습니다.

소크라테스 그런데 단단함을 우리는 '스클레로테스'(sklērotēs)라고 부르지만 에레트리아인은 '스클레로테르'(sklērotēr)라고 부른다[311]는 것을 자네는 알고 있지?

크라튈로스 그럼요.

소크라테스 그렇다면 로(r)와 시그마(s)는 둘 다 같은 것을 닮았고, 그래서 같은 것을 그들에게는 로(r)로 끝나는 이름이 표현해 주고, 우리에게는 시그마(s)로 끝나는 이름이 표현해 주는 것인가? 아니면 우리 말고 다른 사람들에게는 같은 것을 표현해 주지 않는 것인가?

크라튈로스 당연히 양쪽에 같은 것을 표현해 주죠.　　　　　　　d

소크라테스 로(r)와 시그마(s)가 닮은 한에서인가, 닮지 않은 한에서인가?

크라튈로스 닮은 한에서죠.

소크라테스 그렇다면 그것들이 모든 점에서 닮았나?

크라튈로스 적어도 똑같이 움직임을 표현한다는 점에서는 닮았죠.

소크라테스 그 속에 들어 있는 람다(l)도? 이것은 단단함의 반대를 표현하지 않나?

크라튈로스 아마 잘못 들어 있는 것이겠죠, 소크라테스 선생님. 앞서 선생님께서 필요한 곳에 자모들을 빼거나 첨가할 때 헤르모게네스에게 말했던 사례들처럼 말입니다. 저는 선생님 말씀이 옳다고 생각합니다. 지금의 경우도 람다(l) 대신에 로(r)를 넣어야 할 것 같습니다.

소크라테스 잘 지적했네. 그런데 어떤가? 누군가가 '스클레로스'　　e 라고 말할 때 지금 우리가 발음하듯이 한다면, 우리는 그 말을 서로 전혀 이해하지 못하나? 자네는 지금 내가 무슨 말을 하려고 하는지 모르겠나?

크라튈로스 알죠. 하지만 그건 관습 때문입니다, 선생님.

소크라테스 자네가 '관습'이라고 말할 때, 합의와는 뭔가 다른 것을 말한다고 생각하나? 자네가 말하는 관습이란 내가 이 이름을 발음하면서 단단함을 뜻하고자 할 때, 내가 단단함을 뜻하고자 한다는 걸 자네가 안다는 것 외에 다른 무엇을 뜻하나? 자네가 말하는 관습은 그런 뜻 아닌가?

435a 크라튈로스 그렇습니다.

소크라테스 그렇다면 내가 발음할 때 자네가 그 뜻을 안다면, 나에게서 자네한테 표현이 전달된 것이지?

크라튈로스 그렇습니다.

소크라테스 그 표현은 내가 발음할 때 뜻하고자 하는 대상과는 닮지 않은 것에서 나왔네. 실제로 람다(l)가 자네가 말한 단단함과 닮지 않았다면 말일세. 그렇다고 한다면 자네는 스스로 자신과 합의를 해서, 그 합의가 이름의 올바름이 되는 것 말고는 자네에게 달리 어떤 방법이 있겠나? 왜냐하면 관습과 합의에 따르는 한, 닮은 자모들뿐 아니라 닮지 않은 자모들도 사물을 표현하니까. 그리고 관습이 합의와 아주 다르다고 해도 표현이 닮음에
b 근거한다는 주장은 여전히 옳지 않을 것이네. 그보다는 관습에 근거한다고 해야 할 걸세. 관습은 닮은 것뿐만 아니라 닮지 않은 것을 가지고도 표현하니까. 크라튈로스, 여기에 우리가 동의를

하는 한 ―자네의 침묵을 동의로 간주하겠네― 합의도 관습도 우리가 말을 할 때 뜻하고자 하는 바를 표현하는 데 어떤 기여를 할 수밖에 없는 것 같네. 여보게, 자네가 원한다면 수(數)로[312] 가 보세. 만약 자네가 자네의 동의와 합의에 이름의 올바름을 결정 하는 권한을 허락해 주지 않는다면, 자네는 수들 하나하나와 닮 은 이름들을 어디서 얻을 거라고 생각하나? 그래서 나 자신은 이 름들은 가능한 한 사물과 닮았다는 주장을 만족스럽게 여긴다 네. 하지만 이 닮음의 매력이 헤르모게네스의 말대로[313] 정말로 "궁색하지" 않을까 염려스럽고, 그래서 이름들의 올바름에 이르 려면 합의라는 저급한 방식도 사용할 수밖에 없지 않을까 걱정 되네. 아마도 가능한 최선의 언어 사용은, 모든 이름들이, 아니 면 가능한 한 가장 많은 이름들이 사물과의 닮음을, 다시 말해서 사물에 적합함을[314] 근거로 할 때 가능할 테니까 말이네. 그러나 그 반대는 최악이 될 걸세. 그 다음으로, 계속해서 다음 질문에 대답해 주게. 이름들은 우리에게 어떤 힘을 발휘하며 무슨 좋은 기여를 한다고 말할 수 있을까?

크라튈로스 가르치는 일이라고 생각합니다, 소크라테스 선생님. 그리고 이름을 아는 사람이 사물도 안다는 것은 아주 단순한 진 리인 것 같습니다.

소크라테스 아마도 자네 말은 이런 뜻인 것 같네, 크라튈로스. 누구든 이름이 어떠한지를 알 때, 그리고 이름의 어떠함이 바로

e 사물의 어떠함이라는 것을 알 때, 그는 사물도 알게 된다는 것
   말이네. 왜냐하면 사물은 이름과 닮았으며, 서로 닮은 것들 모
   두에 관한 이 기술은 하나이니까. 내 생각에는 바로 이런 이유로
   자네는 이름을 아는 사람이 사물도 알게 된다고 말하는 것 같네.

   크라틸로스 정말 맞는 말씀입니다.

   소크라테스 자, 그렇다면 자네가 방금 말한 이 방법, 그러니까
   있는 것들을 가르치는 방법이란 대체 무엇인지 알아보세. 그리
   고 다른 방법도 있지만 이 방법이 더 좋은지 아니면 이 방법 외
   에 다른 방법은 전혀 없는지도 알아보세. 자네 생각은 어떤가?

436a 크라틸로스 다른 방법은 전혀 없고 이것이 유일할 뿐더러 최선
   의 방법이라고 저는 그렇게 생각합니다.

   소크라테스 있는 것들을 알아내는 방법도 이와 동일한가? 그래
   서 이름을 알아내는 사람은 이름의 대상인 사물도 알아낸다고
   생각하나? 아니면 탐구하고 알아내는 것은 다른 방법으로 해야
   하고, 배우는 것은 이 방법으로 해야 한다고 생각하나?

   크라틸로스 당연히 이와 같은 방법으로 이름들에 의지해서[315] 탐
   구도 하고 알아내기도 해야 한다고 생각합니다.

   소크라테스 자, 그러면 생각해 보세, 크라틸로스. 만약 누군가
b 사물을 탐구할 때 이름을 따라가면서 각 이름들이 무엇을 뜻하
   는지 살펴본다면, 그는 속을 위험이 크다는 생각을 해 봤나?

   크라틸로스 어째서죠?

소크라테스 우리의 주장에 따르면,[316] 최초에 이름들을 붙인 사람은 사물의 본성에 일치한다고 생각한 이름들을 붙인 것은 분명하네. 그렇지?

크라튈로스 그렇습니다.

소크라테스 그렇다면 만약 그 사람이 올바른 생각을 갖지 않은 채 자신의 생각대로 이름들을 붙였을 경우에, 그를 따라가는 우리들이 무슨 일을 겪게 될 거라고 생각하나? 속을 수밖에 없지 않겠나?

크라튈로스 그렇지 않을 것 같은데요, 소크라테스 선생님. 오히려 이름을 붙이는 사람은 알고서 붙일 수밖에 없을 걸요. 그렇지 c 않다면 제가 앞에서 이미 말했듯이[317] 그것들은 결코 이름일 수가 없을 겁니다. 아시겠지만, 이름을 붙이는 사람은 진리를 놓치지 않는다는 결정적인 증거가 있습니다. 그렇지 않고서야 그의 이름들이 모든 면에서 그처럼 일관성을 갖지는 못했을 테니까요. 선생님 자신은 이름들을 말씀하실 때 그것들이 모두 같은 가정에 따르며 같은 경향을 보여준다[320]는 생각을 하지 않으셨나요?

소크라테스 훌륭한 크라튈로스, 자네 말은 전혀 반론이 못 되네. 이름을 붙이는 사람이 처음에 잘못을 저지르고, 곧이어 다른 이 d 름들을 그쪽으로 끌고 가서 억지로 자신의 오류와 일치시켰을 경우에는, 기하학적 증명에서 때때로 그렇듯이, 처음 오류는 작고 눈에 띄지 않더라도, 바로 뒤따르는 나머지 과정은 매우 길어도 모두 일치하게 되는데, 그렇다고 해서 전혀 이상할 것은 없네. 그러므로 사람은 누구나 무슨 일이든지 일의 시작이 올바르게 놓였는지 아닌지를 충분히 헤아리고 철저히 살펴봐야 하네. 그리고 시작이 충분히 검토되었을 때 나머지 것들이 그것으로부터 분명히 따라 나와야 하네. 그렇기는 하지만 실제로 이름들 자체가 서로 일치한다면 나는 놀라워할 걸세. 그러니까 앞서 우리가 다루었던 문제를 다시 검토해 보세. 모든 것은 나아가고 움직이고 흐른다는 가정 아래 이름은 본질을 우리에게 표시해 준다고 우리가 말했지. 자네는 이름이 다름 아닌 본질을 표현한다고 생각하지 않나?

437a 크라틸로스 당연히 표현하죠. 그것도 올바르게 표시한다고 생각합니다.

소크라테스 그러면 앞서 살펴본 이름들 가운데서 먼저 '에피스테메'(epistēmē)라는 이름을 다시 취해서 그것이 얼마나 애매한지 살펴보세. 이 이름은 사물들을 따라 같이 회전한다는 뜻보다는 사물들로 향하는(epi) 우리의 혼을 멈추게 한다는(histēsi) 뜻을 나타내는 것 같네. 그래서 그것의 첫머리에 'h'를 넣어서 '헤피스테메'(hepistēmē)라고 하는 것보다는 지금처럼 발음하는 것이, 더 정확하게 말하면, 엡실론(e)을 넣는 대신 이오타(i)를 넣는 것이[319] 더 올바르네. 다음으로 '베바이온'[320]을 살펴보세. 이 이름은 일종의 고정(固定, basis)이나 정지(stasis)의 모방이지 움직임

142

의 모방은 아니네. 그 다음으로 '히스토리아'[321]라는 이름 자체는   b
흐름을 멈추게 한다(hisēsi ton rhoun)는 뜻이네. '피스톤'[322]도 오
로지 멈추게 함(histan)을 뜻하고. 그 다음에, '므네메'[323]는 혼 안
에 머무름(monē)을 뜻하지 움직임을 뜻하지 않는다는 것은 누
구에게나 분명하네. 자네가 원한다면, '하마르티아'[324]와 '쉼포라'
[325]를 보세. 이 이름들은 이름의 안내를 받아 따라간다면 '이해'
(synesis), '지식'(epistēmē) 그리고 훌륭한 것들(spoudaia)에 붙는
다른 모든 이름들과 같아 보인다네.[326] 더욱이 '무지'(amathia)와
'무절제'(akolasia)도 이것들과 아주 닮아 보이네. '아마티아'는 신   c
과 함께(hama theōi) 가는 자의 나아감을 뜻하는 것 같고, '아콜라
시아'는 오로지 사물들을 따라 함께 간다(akolouthia)는 뜻인 것
같네. 바로 이렇게 해서 우리가 아주 나쁜 것들에 붙는다고 생각
하는 이름들이 아주 훌륭한 것들에 붙는 이름들과 아주 닮아 보
일 수가 있네. 그런가 하면 우리가 노력을 기울인다면, 이번에는
그 반대가 되는 다른 이름들도 많이 찾아낼 수 있을 거라고 생각
하네. 그래서 이름을 붙이는 사람이 이 이름들을 근거로, 사물
들은 나아가거나 움직이지 않고 머물러 있음을 나타내려 했다고
추정할 수 있을 걸세.

크라튈로스   하지만 소크라테스 선생님, 선생님께서 보셨듯이 이   d
름들 대부분이 움직임의 뜻을 나타냈습니다.

소크라테스   그래서 어떻다는 거지, 크라튈로스? 표를 세듯이 우

리가 이름들을 일일이 헤아려 볼까? 그렇게 하면 이름의 올바름이 정해질까? 둘 중 어느 쪽이든 그쪽을 뜻한다고 여겨지는 이름들의 수효가 더 많으면 그 이름들이 참된 것이 될까?

크라튈로스   아니요, 그렇지는 않겠죠.

소크라테스   여보게, 그런 식으로는 결코 안 되네. 이제 이 문제는 여기서 제쳐두기로 하고,

[판본 A]

e   [자네가 이 점에서도 동의하는지 어떤지 살펴보기로 하세. 자, 그리스인의 나라든 이민족의 나라든 간에 나라에서 이름을 붙이는 사람들은 입법가들이라는 것과 그런 일을 할 수 있는 기술이 입법술이라는 데 조금 전에 우리가 동의하지 않았나?

크라튈로스   분명히 했죠.

소크라테스   그렇다면 대답해 보게. 최초의 입법가들이 최초의 이름들을 붙였을 때, 이름을 붙인 사물들에 대해서 알고 붙였을까, 아니면 모르고 붙였을까?

크라튈로스   저는 알고 붙였다고 생각합니다, 소크라테스 선생님.

438a1   소크라테스   여보게 크라튈로스, 적어도 모르고 붙이지는 않았을 걸세.

a2   크라튈로스   저도 그렇게 생각합니다.

b4   소크라테스   그렇다면 그들이 알고 이름을 붙였다거나, 그들을

438b4~438b1

입법가라고 우리가 어떻게 말할 수 있을까? 사물들에 대한 배움
이 이름들을 통해서만 가능하다면, 어떤 이름이든 붙여져서 그   b7
들이 그것을 알기도 전에 말일세.][327]

[판본 B]

[우리를 이곳으로 오게 한 지점으로 다시 돌아가세. 자네가 기억   a3
한다면, 조금 전 논의에서 자네는 이름을 붙이는 사람은 그가 이
름을 붙인 사물들에 대해서 알고 이름을 붙일 수밖에 없다고 말
했네.[328] 그렇다면 자네는 여전히 그렇게 생각하나? 아니면 그렇
지 않나?

크라튈로스   여전히 그렇게 생각하죠.

소크라테스   최초에 이름을 붙인 사람도 알고서 붙였다고 자네는
주장하나?

크라튈로스   알고 붙였죠.

소크라테스   그렇다면 그는 어떤 이름들을 통해서 사물들에 관
해 배우거나 알아냈을까? 최초의 이름들이 아직 붙여지지 않았   b1
다면, 게다가 우리가 말했듯이[329] 이름들이 어떠한지를 다른 사
람들에게서 배우거나 스스로 알아내는 방법 외에 달리 사물들에
관해 배우거나 알아낼 수가 없다면 말일세.]

크라튈로스   저는 이 문제에 대한 가장 참된 설명은 이런 것이라

c 고 생각합니다, 소크라테스 선생님. 사물들에 최초의 이름들을
붙인 어떤 힘은 인간적인 힘보다 더 크며, 그래서 그 이름들은
올바를 수밖에 없다는 거죠.[330]

소크라테스 아니 그럼 이름을 붙인 자가 신령이나 신이라 하더
라도 자신과 모순되게 이름을 붙였을 거라고 생각하나? 아니면
자네가 보기에는 조금 전에 [331]우리가 되지도 않는 말을 한 건가?

크라튈로스 하지만 그 두 부류의 이름들 가운데 한 부류는 전혀
이름이 아닌 걸요.

소크라테스 어느 부류인가, 크라튈로스? 정지 쪽으로 이끄는 이
름들인가, 아니면 움직임 쪽으로 이끄는 이름들인가? 방금 우리
가 말했듯이 수효로 결정할 문제는 아니네.

d 크라튈로스 그렇습니다. 그건 정말 옳지 않겠죠, 소크라테스 선
생님.

소크라테스 그렇다면 이름들 간에 내분이 일어나서 어떤 이름들
은 자신들이 진리와 닮았다고 주장하고, 다른 이름들은 자신들
이야말로 그렇다고 주장하고 있는 상황에서, 우리는 이제 어떻
게 판정해야 하며 무엇에 의지해야 할까? 이것들과는 다른 제삼
의 이름들에 의지할 수는 없네. 그런 것은 없으니까. 오히려 이
름들 말고 다른 무엇인가를 찾아야 한다는 것은 분명하네. 이름
들에 의지하지 않고서도 우리에게 어느 쪽의 이름들이 참인지를
우리에게 밝혀 줄, 그래서 있는 것들의 진리를 드러내 줄 그런

것을 말이네.

크라튈로스 저도 그렇게 생각합니다.   d

소크라테스 그러니까 그런 것을 찾을 수 있다면 크라튈로스, 이름들 없이도 '있는 것들'에 관해 배울 수 있을 것 같네.

크라튈로스 그런 것 같습니다.

소크라테스 그렇다면 자네는 다른 무엇을 통해서 그것들에 관해 배울 수 있을 거라고 예상하나? 이치에 맞고 가장 합당한 방법인 그것들 서로를 통해서, 즉 그것들 자체를 통해서 배우는 것 말고 달리 어떤 방법이 있겠나? 그것들이 어떤 식으로든 같은 부류라면[332] 말이네. 그것들과는 다른 제삼의 것이란 제삼의 다른 어떤 것을 가리키지 바로 그것들을 가리킬 수는 없을 테니까.

크라튈로스 맞는 말을 하셨다고 생각합니다.

소크라테스 그런데 잠깐만![333] 잘 붙여진 이름들은 그것들이 붙   439a
은 사물들과 닮았으며, 그래서 이름들은 사물들의 상(像)이라고 우리는 여러 차례 동의하지 않았나?

크라튈로스 그렇습니다.

소크라테스 그렇다면 가장 확실하게는 이름들을 통해서 사물들에 관해 배울 수 있지만, 사물들 자체를 통해서도 배울 수가 있다면, 어느 쪽 배움이 더 훌륭하고 더 명료할까? 상들로부터 이 상(像) 자체가 잘 닮았는지를 배우고 상의 실물인 진리를 배우는 쪽인가, 아니면 진리로부터 진리 자체를 배우고 그것의 상이 적   b

절하게 만들어졌는지를 배우는 쪽인가?

크라튈로스 진리로부터 배우는 쪽일 수밖에 없다고 생각합니다.

소크라테스 '있는 것들'에 관해서 어떤 방식으로 배우거나 알아내야 하는지는, 아마도 자네와 내가 이해하기에는 너무 큰 문제인 것 같네. 그러나 이름들로부터가 아니라, 있는 것들 자체로부터 배우고 탐구해야 하는 쪽이 이름들로부터 그렇게 해야 하는 쪽에 비해 한층 더 분명하다는 데 동의가 이루어졌다는 정도로 만족해야 하네.

크라튈로스 그래야 할 것 같습니다, 소크라테스 선생님.

소크라테스 그렇다면 이 많은 이름들이 같은 경향을 가진다는 점에 우리가 속지 않으려면, 계속해서 다음과 같은 문제를 살펴보기로 하세. 그것들을 붙인 사람들이 모든 것들은 끊임없이 나아가며 흐른다고 실제로 그렇게 생각을 하고 붙였는지 —나는 그들 자신도 그렇게 생각했다고 보네— 아니면 사실은 그렇지가 않고 그들 자신이 마치 일종의 회오리에 빠진 것처럼 빙빙 돌면서[334] 우리를 같이 끌어다가 거기에 던져 넣는 것인지 어떤지 하는 문제 말일세. 여보게 크라튈로스, 자주 나를 몽상에 빠뜨리는 이 문제를 살펴보게. 아름다운 것 자체가 있고 좋은 것 자체가 있으며,[335] 있는 것들 하나하나가 마찬가지로 그러하다고 말해야 할까, 아니면 아닌가?

크라튈로스 그렇다고 생각합니다, 소크라테스 선생님.

소크라테스 그렇다면 바로 그것 자체를 살펴보기로 하세. 특정한 어떤 얼굴이나 그런 종류의 어떤 것이 아름다운지, 그리고 그런 것들이 모두 흐른다고 여겨지는지의 문제가 아니라 이런 문제를 말이네. 아름다운 것 자체는 언제나 자신과 동일한 것이지[336] 않을까?

크라튈로스 그럴 수밖에 없죠.

소크라테스 그런데 만약 그것이 끊임없이 자신을 떠난다면 그것에 관해 우선 "그것이 이것이다"라고, 그 다음에는 "그것이 그러그러하다"라고[337] 우리가 제대로 말할 수 있을까? 아니면 우리가 그것에 관해 말하는 순간 곧바로 그것은 다른 것이 되고, 자신을 떠나며, 더 이상 같은 상태에 있지 않을 수밖에 없는가?

크라튈로스 그럴 수밖에 없습니다.

소크라테스 그렇다면 결코 같은 상태로 있지 않는 것이 어떻게 'e 어떤 것'[338]일 수 있겠나? 그것이 언젠가 같은 상태에 있다면, 적어도 그때는 전혀 변하지 않는다는 것은 분명하네. 그러나 만약 그것이 언제나 같은 상태에 있고 동일한 것이라면, 자신의 형상을 전혀 잃어버리지 않을 텐데 어떻게 변하거나 움직일 수 있겠나?

크라튈로스 절대 불가능하죠.

소크라테스 게다가 그것은 누구에게도 알려질 수조차 없을 것이네. 그것을 알고자 하는 사람이 다가가는 순간 다른 것, 즉 다른 440a 성질의 것이 되어서, 그것의 성질이나 상태가 어떠한지 더 이상 알려질 수가 없을 테니까. 정말이지 어떤 앎도 어떤 상태를 전혀 유지하고 있지 않는 것에 대한 앎은 아니네.[339]

크라튈로스 말씀하신대로 그렇습니다.

소크라테스 그러나 크라튈로스, 만약 모든 사물이 변하고 아무 것도 지속하지 않는다면 앎이 있다고 말하는 것은 이치에 맞지도 않네. 만약 앎 그 자체가 앎임을 잃어버리지 않고 지속한다면 앎은 언제나 지속할 것이고 그래서 앎이 있게 될 테지만, 앎의

b 형상 자체가 변한다면 그것이 앎의 형상과는 다른 형상으로 변하는 순간 앎은 있지 않을 테니까 말일세. 그리고 이 추론에 따르면 앎을 가질 자도 없고 알려질 것도 없을 것이네. 그러나 앎을 갖는 자가 있는 한편 알려지는 것이 언제나 있다면, 그래서 아름다운 것이 있고 좋은 것이 있으며 있는 것들 각각이 하나로

c 서 있다면, 내가 보기에는 방금 우리가 말한 것들은 흐름과도 닮지 않았고 움직임과도 닮지 않은 것 같네. 그래서 이것들이 과연 그런지, 아니면 헤라클레이토스를 따르는 자들이나 다른 많은 사람들이 주장하는 것처럼 그런지는 살펴보기가 쉽지 않을 걸세. 그러나 지각이 있는 사람이라면 아무도 자신이나 자신의 혼을 이름들에다 맡겨서 돌보게 하지 않을 것이고, 이름들이나 그것들을 붙인 사람들을 믿고서 그들이 무엇인가를 아는 사람이라고 단언하지도 않을 것이며, 자신을 포함한 '있는 것들'에 대해서 건전한 것은 아무것도 없고 모든 것은 마치 새는 항아리들처럼

흐른다는 판결을 내리지도 않을 것이며, 그야말로 감기 걸린 사 　d
람이 콧물을 흘리듯이 사물들도 그와 같은 상태에 있다고, 요컨
대 사물들은 죄다 흐름과 흘러내림에 붙잡혀 있다고 생각하지도
않을 것이네. 크라튈로스, 어쩌면 이것이 사실일 수도 있고, 어
쩌면 그렇지 않을 수도 있네. 그러니까 용기를 내서 잘 살펴봐야
지 그냥 쉽게 받아들여서는 안 되네. 자네는 아직 젊고 한창때의
나이니까 말일세. 자네가 살펴보고 진리를 찾아내거든 내게도
나누어 주게.

크라튈로스　그야 그렇게 해야죠. 하지만 소크라테스 선생님, 이
건 분명히 아셔야 합니다. 지금까지 제가 살펴보지 않은 건 아니
고, 오히려 애를 많이 쓰면서 살펴보니까 저로서는 헤라클레이
토스가 주장하는 대로 사실이 그렇다는 생각을 한층 더 갖게 되 　e
었다는 거죠.

소크라테스　여보게, 그렇다면 나중에 자네가 다시 왔을 때 그것
에 대해 내게 가르쳐 주게. 지금은 자네가 작정했던 대로 시골로
가게. 여기 있는 헤르모게네스가 자네를 바래다줄 걸세.

크라튈로스　그렇게 하겠습니다, 소크라테스 선생님. 하지만 선생
님께서도 이 문제를 계속 생각해 보시죠.

주석

1 **올바른 이름** : 직역하면 '이름의 올바름'(onomatos ortotēta)이다. 바로 아래 '이름을 붙이는 올바른 규칙'으로 옮긴 것도 직역하면 '이름들의 올바름'(onomatōn ortotēta)이다. 이후에도 '이름의 올바름'이라는 표현은 계속 나오지만 논의 과정에서 무엇을 뜻하는지 짐작해 볼 수 있기 때문에 그대로 두었다.

2 **언어의 조각**(phōnēs morion) : '포네'(phonē)는 '목소리'를 뜻하는 말인데, 여기서는 목소리로 표현되는 언어, 즉 언어를 구성하는 소리들의 총체를 가리킨다. 이것의 한 조각(morion)이 이름이다.

3 **이민족 사람**(barbaros) : '바르바로스'(barbaros)는 그리스어를 사용하지 않는 민족들을 가리킨다. 385e3, 390a2~4, 390c4, 409e1, 421d1~5, 그리고 『정치가』 262d 참고.

4 **'헤르모게네스'**(Heromgenēs) : '헤르메스'(Hermēs)와 '게노스'(genos)가 합쳐진 말로 헤르메스의 종족이라는 뜻이다. 헤르모게네스란 이름과 관련한 설명이 384c에 나오는데, 이는 헤르메스가 이득의 신이란 점을 고려한 것이다. 'Hermēs'의 어원적 설명은 407e-8b에 나온다.

5 **아름다운 것들은 … 어렵다.** : 이 격언은 『대 히피아스』304e, 『국가』435c,

479에서 축약된 형태로 인용된다. "아름다운 것들은 어렵다"(chalepa ta kala). 이 격언은 솔론에게서 나왔다고 전해진다.(플루타르코스, 『솔론의 생애』 14.)

6 **프로디코스의 강연** : 이 강연에 관해서는 아리스토텔레스, 『수사학』 III 14, 1415b12~17 참고하라. 케오스의 프로디코스는 소피스트이며 소크라테스와 동시대 사람이다. 그는 케오스 시민들의 사절로 아테네를 여러 차례 방문하였다. 그는 연설로 큰 명성을 얻었으며, 강연으로 굉장한 돈을 벌었다고 한다(『대 히피아스』 282a).

7 **노예들의 이름을 바꿀 때** : 외국 이름을 가진 노예를 새로 데려온 주인은 그리스식 이름으로 바꾸어 부르는 것이 보통이었다.

8 **각 사물** : 원문대로 옮기면 '각각의 것'(hekaston)이지만 이름붙이는 일과 관련된 대목(387c1, 387d4)에서 '프라그마'(pragma)라는 말이 쓰이고 있어서 여기서 '사물'을 덧붙였다.

9 OCT 새 판에서는 385b2-d1 부분을 삭제할 것을 제안한다. 스코필드 (1972)의 제안에 따라 이 부분을 387c5 다음에 위치시키는 번역도 있다.(J.M.C 리브, 1997)

10 『소피스트』 263b에서 참인 진술을 특징짓는 같은 표현이 나온다.

11 '우시아'(ousia)의 번역.

12 **만물의 척도** : 『테아이테토스』 161c~162a에서도 프로타고라스의 이 유명한 언명에 관해 언급된다.

13 **진리**(alētheia) : 프로타고라스가 쓴 책의 제목을 암시한다. 391c8에서도 책 제목을 빗대어 "진리"라는 말을 사용한다.

14 **에우튀데모스** : 에우튀데모스는 소피스트이며 그의 이름을 딴 대화편 『에우튀데모스』의 등장인물이다. 소크라테스가 에우튀데모스의 것으로 돌리는 이 이론은 『에우튀데모스』(294a~6c)에서 명료하게 개진되고 있지는 않고, 거기서 그의 형제 디오뉘소도로스와 함께 주장하는 몇 가지 이론들을 포괄적으로 언급하고 있을 뿐이다.

15 **그것들의 행위**(praxis): 일단 '그것들(사물들)에 대한 행위'를 뜻하는 것으

로 볼 수 있다. 한 걸음 더 들어가서 보면, '자르고 잘림', '태우고 태워 짐'이라는 설명이 말해 주듯이, 사물들은 재료의 입장에서는 작용을 받지만, 도구의 입장에서는 작용을 가하는 것이 된다. 사물들은 일정한 본성을 갖고 있다. 따라서 사물들에 대한 행위(작용)는 그 사물들의 본성에 따라야 한다. 양측에서 작용을 주고받는 과정이 본성에 맞게 이루어져야 행위의 목적을 달성할 수 있다는 것이 설명의 취지이다.

16 일반적으로 '북'을 뜻하는 케르키스(kerkis)는 여기서와 다음에 나오는 곳에서는 내용상 '바디'를 가리키는 것으로 보인다. 바디란 베틀, 가마니틀, 방직기 따위에 딸린 기구의 하나로 가늘고 얇은 대오리를 참빗의 살처럼 세워 두 끝을 앞뒤로 대오리를 대고 단단하게 실로 얽어 만든다. 살의 틈마다 날실을 꿰어서 베의 날을 고르며 북의 통로를 만들어 주고 씨실을 쳐서 베를 짤 수 있게 해 준다.

17 우리는 … 구분하지? : 이 문장은 "우리는 서로에게 무엇인가를 가르치지? 즉 우리는 사물들을 그것이 어떤 것인가에 따라서 구분하지?"로 옮길 수도 있다.

18 규칙 : '노모스'(nomos)의 번역. 일반적으로 '노모스'는 관습이나 법률을 뜻하지만, 이 대화편에서는 '에토스'(ethos)를 관습으로 옮기고 '노모스'는 규칙으로 옮겼다. '노모스'와 연관해서 '노모테테스' (nomothetēs)란 용어도 사용하는데, 이것은 보통 법률이나 규칙을 제정하는 사람, 즉 '입법가'를 뜻한다. 이 대화편에서는 그것이 이름을 붙이는 일에 정통한 사람을 가리키므로 '이름을 붙이는 법(규칙)을 정하는 자'로 번역할 수도 있겠으나, 줄여서 '입법가'로 옮겼다.

19 북인 것 자체라고 … 올바르겠지? : 『국가』 507b 참고.

20 본성상 가장 적합한 이 성격 : '가장 적합한'의 원어는 '칼리스테'(kallistē) 이므로 '가장 훌륭한'이나 '가장 좋은'으로 옮겨도 된다. 그리고 '성격' 은 '퓌시스'(physis)를 옮긴 말인데, 여기서는 형상을 가리키는 것으로 보인다. '퓌시스'로 형상을 지시하는 사례는 『파르메니데스』 147e, 156d–e, 『소피스트』 257d, 258a–b, 그리고 『정치가』 306e에서 볼 수

있다.

21 '북'을 지칭한다.

22 각 제작물 : 직역하면 '각각의 것'(hekastō)이지만, 이 '헤카스토'는 '에르곤'(ergon)을 가리킨다. '에르곤'은 '작업'이라는 뜻과 '작업의 산물'(제작물)이라는 뜻을 모두 가지고 있다. 문맥에 따라 '작업'으로 번역해도 무방하지만 뜻의 차이가 없다고 판단되어 '제작물'로 번역을 통일하였다.

23 잊어서는 : 필사본의 'agnoein'으로 읽었다. OCT는 'amphignoein'으로 고쳐서 "이것(이름인 것 자체)을 잘못 알아서는 안 되네"로 읽는다.

24 그것을 만든 목공인가 아니면 그것을 사용하는 직조공인가? : 『국가』601c 이하에서도 제작자(장인)의 기술과 사용자의 기술을 구별하면서 제작물이 잘 만들어졌는지 아닌지는 사용자가 지시해 줄 수 있다고 언급되어 있다.

25 『소크라테스의 변론』201a1~2, 『테아게스』128a7 참고.

26 칼리아스 : 칼리아스(기원전 약 450-370)는 아테네의 큰 부자인 힙포니코스의 아들로 큰 재산을 물려받았지만 다 탕진하고 만다. 그는 소피스트들에게 많은 돈을 썼던 것 같다(『변론』20a). 『프로타고라스』를 보면 그의 집에 여러 소피스트들이 머물고 있는 장면도 나온다(314c 이하). 그는 특히 프로타고라스의 사상에 빠져 있었던 것 같다(『테아이테토스』164e).

27 진리 : 프로타고라스가 쓴 책 제목을 연상시키는 표현이다.

28 사물들을 본래의 이름으로 올바르게 부르니까 … : 직역하면, "사물들을 본래 있는 이름으로 올바름에 맞게 부르니까…"

29 "그것을 신들은 … 부른다." : 『일리아스』14권 291. 헤파이스토스와의 전투는 21권 342~382에 나온다.

30 신들은 … 부른다네. : 『일리아스』14권 291 참고.

31 바티에이아와 뮈리네 : 트로이아 앞에 위치한 평원 가운데 따로 솟아 있는 가파른 언덕. "사람들은 그것을 바티에이아라고 부른다. 그러나 신

들은 뮈리네의 묘라고 부른다."(『일리아스』2권 813~814)

32 호메로스가 말한 것 : 『일리아스』6권 402~403.

33 그는 혼자 … 지켰기 때문이네. : 『일리아스』22권 507. 여기서 '그'는 헥
토르를 가리킨다. 헤카베가 남편 헥토르의 죽음을 슬퍼하며 하는 말의
한 구절을 인용한 것이다. 호메로스의 원문에는 '나라'(polin)가 아니라
'문들'(pylas)로 되어 있다.

34 astyanax : 도시의 주인

35 E, Y, O, Ω : '엡실론', '윕실론', '오미크론', '오메가'라는 이름들은 플
라톤 당시에는 사용되지 않았고, 이 이름들이 사용되기 시작한 것은
비잔틴 시기에 와서다. 당시에는 '에이'(ei), '위'(y), '우'(ou), '오'(ō)로
호칭되었다.

36 archepolis : 도시의 통치자

37 Agis : 지도자

38 Polemarchos : 군지휘관

39 Eupolemos : 훌륭한 전사

40 Iatroklēs : 명의(名醫)

41 Akesimbrotos : 사멸하는 자들의 치유자

42 Theophilos : 신이 사랑하는 자(신의 친구)

43 Mnēsitheos : 신이 기억하는 자

44 Orestēs : 산에 사는 사람

45 견디면서 : '견디면서'의 원어인 '카르테레인'(karterein)은 '고집스럽게',
'굴하지 않고'로 옮겨도 무방하다.

46 아트레우스 : 신화에서 펠롭스와 히포다메이아 사이에서 난 아들이며
튀에스테스의 형제이다. 호메로스에서는 형제들 간에 사이가 좋게 그
려지지만(『일리아스』2권 100~8), 이후의 서사시에서는(alcmaeonis in
schol. Eur. Or. 995) 그들은 서로 무자비하게 반목하는 것으로 그려진
다. 아트레우스는 아에로페와 결혼한다. 그러나 그녀는 튀에스테스와
간통을 저지르고 그에게 황금 양을 몰래 건네준다. 황금 양은 왕권을

가질 권리를 부여하는 것이었다. 그러나 제우스는 태양의 진로를 거꾸로 돌리는 것으로 거부의 뜻을 표시한다. 아트레우스는 튀에스테스를 추방했는데, 나중에 그가 아에로페의 부정을 알고는 그의 형제에게 화해를 제안하면서 연회를 마련한다. 여기서 그는 튀에스테스의 아들을 죽여 그 살로 요리를 해서 내 놓는다. 식사 말미에 아트레우스는 튀에스테스에게 그의 아들의 머리와 수족을 보여주고, 다시 그를 추방한다. 아트레우스는 아에로페가 낳은 아가멤논과 메넬라오스의 아버지였다. 다른 계보에 따르면, 아트레우스는 그들의 할아버지였다. 그는 자신의 아들이자 그들의 아버지인 플레이스테네스가 젊어서 죽자 그들을 길렀다. 아트레우스는 결국 튀에스테스의 유일한 생존 아들인 아이기스토스에게 살해당한다.

47 ateires : 굽힐 줄 모름

48 atreston : 두려움 없음

49 atreus : 파멸

50 pelops : pelas(가까이) + opsis(봄, 시력)

51 돌의 흔들림(tantaleia) : 돌을 떨어뜨리지 않기 위해 균형을 잡으려고 왔다 갔다 하는 상태에 따른 흔들림.

52 talantatos : 가장 비참한 자.

53 한편은 '제나'(Zena)라고 부르고, 다른 편은 '디아'(Dia) : '제우스'(Zeus)는 두 가지 격변화를 갖는다. 하나는 시에서 사용되는 격변화로서 목적격(對格) '제나'(Zena)이고, 다른 하나는 보통의 격변화로서 목적격 '디아'(Dia)다.

54 크로노스 : 크로노스(Kronos)는 '코로스'(koros)와 '누스'(nous)가 합쳐진 말이다. '코로스'(koros)는 '아들'(혹은 소년)과 '포만'이란 두 가지 뜻과 아울러, '깨끗하게 하다'(korein)에서 유래한 '정결함'이란 뜻도 갖는 것으로 소크라테스는 보고 있는 셈이다. 결국 '크로노스'는 '지성의 순수함이나 정결함'(koros tou nou)으로 설명되는 것이다.

55 신성한 지혜 : 『소크라테스의 변론』 20d 참고.

56 393b~394.

57 Eutychidēs : 운 좋은 자.

58 Sōsias : 구원자.

59 Theophilos : 신의 사랑을 받는 자.

60 본성상 언제나 있는 것들(ta aei onta kai pephykota) : 이어지는 말은 이 표현이 인간들과 대비되는 신들이나 신적인 힘들을 가리킨다는 것을 암시한다. 그러나 일반화해서 참된 이름을 가질만하다고 여겨지는 영원한 존재인 형상들도 포함시킬 수 있다.

61 신령들(daimones) : '다이몬'은 호메로스에서는 신이나 신적인 힘을 가리킨다. 헤시오도스 이후로는 신과 인간의 중간 존재나 인간의 수호신을 가리켰는데, 여기서 그런 뜻으로 사용된다. 『향연』202e에서도 다이몬은 신과 사멸하는 자의 중간적인 존재로 묘사될 뿐 아니라 이들 양쪽 사이의 전령으로도 언급된다. 그런가 하면 『소크라테스의 변론』27d~e에서는 신들이나 신들의 자손들로 기술된다.

62 그야 분명히 신령들, 영웅들, 그리고 인간들이죠. : 버넷의 수정을 받아들여서 '영웅들, 그리고 인간들'을 삭제하거나, 이 구절 전체를 소크라테스의 말로 간주하는 번역이 대부분이다. "소크라테스 : 그러면 그 다음으로 무엇을 살펴볼까? 분명히 신령들, 영웅들, 그리고 인간들이지? 헤르모게네스 : 그렇습니다, 신령들이 그 다음입니다."

63 헤시오도스의 『일과 날』121~3행에 해당한다. 이 행들은 『국가』469a1에서도 인용된다.

64 옛 아티케 방언 : 옛 아티케 자모는 기원전 404/403년에 공식적으로 폐지되고 이오니아 자모가 사용되었다. '영웅'과 '사랑'의 아티케 형태는 각각 'hērōs'와 'erōs'이다. 그리고 이것들 각각에 해당하는 이오니아 형태는 'hērōs'와 'erōs'이다. 플라톤은 철자법에서 뿐만 아니라 발음에서도 변화가 있었다고 생각하는 것 같으며 실제로도 그랬을 법하다. 그렇지 않다면 여기서 플라톤이 발음법과 철자법을 혼동하고 있는 것일 수도 있다. 그는 이 대화편의 몇 군데에서(특히 410에서) 그런 혼동

을 하고 있는 것 같다.

65 legein : 말하다

66 Dii philos : 제우스의 친구, 제우스의 사랑을 받은 자

67 우리는 두 번째 이오타를 거기서 빼고 가운데 음절을 강한 악센트 대신에 부
    드러운 악센트로 발음했네(Diphilos) : 구(句) '디이 필로스'(dii philos)에서
    이름 '디필로스'(diphilos)를 얻는 과정을 말하고 있다. 음절 '피'(phi)는
    '디이 필로스'에서는 높은 강세(強勢)였으나 '디필로스'에서는 낮은 강
    세로 되었다. 낮은 강세란 실제로는 강세가 없음을 뜻한다.

68 아낙사고라스 : 클라조메네 출신의 소크라테스 이전 철학자. 『소크라테
    스의 변론』 26d~e, 『파이돈』 97c~98c 참고.

69 '퓌세케'(physechē)라고 부르는 것.

70 신들이 기뻐하는 이름으로 : "제우스가 어떤 분이든 간에 그의 이름이
    그를 즐겁게 한다면 나는 그 이름으로 그를 부른다네"(아이스퀼로스, 『아
    가멤논』 160~2). 『필레보스』 12c에서는 아프로디테와 관련해 유사한 언
    급을 한다.

71 관습에 따라 헤스티아(Hestia)부터 시작해야겠지? : 고대 그리스에서는 제
    사를 지낼 때 제일 먼저 헤스티아 여신에게 제물을 바쳤고, 기도나 맹
    세를 할 때도 제일 먼저 그 여신을 불렀으며, 식사를 할 때도 그 여신
    께 제일 먼저 헌주를 하는 관습이 있었다.

72 고매한 사색가들이자 말재간이 좋은 사람들(meteōrologoi kai adoleschai) :
    '메테오롤로고이'(meteōrologoi)는 '하늘에 있는 것을 탐구하는 자들'
    (천문학자)을 뜻하는데, 여기서는 문맥에 맞게 '고매한 사색가'로 옮겼
    다. '아돌레스카이'(adoleschai)는 '수다장이들'이란 뜻으로서, 이름난
    소피스트들을 가리키는 부정적인 뜻의 말이지만 여기서는 좋은 뜻으
    로 사용되고 있다. 『파이드로스』 269e에도 같은 표현이 나오며 긍정
    적인 뜻으로 사용된다. 그러나 『정치가』 299b7에서 'meteōrologos'와
    'adoleschēs'는 기술을 가진, 즉 앎을 가진 자와 대비되어 부정적인 뜻
    으로 사용된다.

73 아티케 방언이 아닌 다른 지역 방언으로 표현된 이름들을 가리킨다.

74 본질(ousia)에 관여하는 것(to eēs ousias metechon) : 여기서 '우시아'(ousia)는 '실재'나 '존재'로 옮기는 것이 더 자연스러울 테지만 일관성을 위해 다른 곳에서처럼 '본질'로 옮겼다. 그런가 하면 보통 '존재'로 번역되는 'to on'이 사실상 '본질'을 뜻하는 것으로 보이는 대목(424b1)도 있다. 그리고 메테콘(metechon) 혹은 메텍시스(methexis)는 플라톤이 『파이돈』이나 『향연』에서 다수의 사물들과 하나의 형상의 관계를 나타낼 때 사용하였다.

75 시작하게 하는 것(archēgon) : '아르케곤'은 '지배자'로 번역할 수도 있다.

76 헤라클레이토스의 단편 91.(DK 22B91)을 보라.

77 '레아'와 '크로노스' : 레아(Rhea)는 직접적으로 흐름(rheuma)과 관련이 있지만, 크로노스(Kronos)는 흐름과 어떤 연관이 있는지 아무런 언급이 없다. 아마도 소크라테스는 크로노스를 샘을 뜻하는 '크루노스'(krounos)와 연관 짓는 것 같다.

78 호메로스도 … 말하지 : 『일리아스』 14권 201, 302. 『테아이테토스』 152e 참고.

79 오르페우스 : 오르페우스가 실재 인물인지 전설 속의 인물인지는 분명치 않다. 그리스 신화를 통해 알려진 그의 명성은 오르페우스 교단의 가르침이 들어 있는 시구들에서 비롯되었다.

80 발들의(tōn podōn) 족쇄(desmos)

81 금이나 은 같은 값진 것들이 땅에서 나오기 때문이다.

82 보이지 않는 것(aides) : '아이데스'(Aides)는 '하데스'(Hades)의 이오니아식 시적인 표현이다. aides = a(부정을 뜻하는 접두 모음) + ides(보이는 것). '하데스'에 대한 이러한 어원분석은 『고르기아스』 493a~b와 『파이돈』 80d, 81c에서도 나온다.

83 세이렌들 : 프로클로스의 『크라튈로스』 157에서 플라톤은 세 종류의 세이렌들을 구별한다. 천상의 세이렌들, 아이들의 생산을 도와주는 세이렌들, 하데스의 지배하에 정화임무를 맡은 세이렌들. 이들은 페르세포

네 전설의 여러 판본들에서 나온다. 에우리피데스의 『헬렌』에서 헬렌은 지하의 신들인 그들에게 간청한다. 그들의 모습은 흔히 묘비에 그려져 있다.

84 하데스 : 소피스트들처럼 하데스는 말의 힘으로 그와 어울리는 사람들을 매혹하고 사로잡는다.(『프로타고라스』 315b) 사람들이 그와 함께 있음으로써(316c, 318a) 더 나은 사람이 되고 싶어 하기(313d, 318a) 때문이다.

85 크로노스 : 크로노스는 제우스에 의해 권좌에서 쫓겨나 하데스의 가장 깊은 곳인 타르타로스에 묶이게 된다. 『일리아스』 14권 203~204 참고.

86 aides : 보이지 않는 것.

87 이야기도 있지 : 『일리아스』 14권 328 참고.

88 천문학자 : 천문학자(meteōrologos)에 대해서는 주 72 참고.

89 그것을 무시무시한 자로 여기는 거라네 : 아마도 그 이유는 '페르세포네'(phersephonē)를 '살육을 가져오는 자'(pherein phonon)로 읽고 있기 때문인 듯하다.

90 발음의 편의 : 'eustomia'를 옮긴 것임. 이 용어는 활음조(euphony)를 뜻함. 412e, 414c에도 나옴.

91 아폴론을 '아폴뤼온'(apollyōn 파괴하는 자)과 연관 짓기 때문이다.

92 시가(詩歌), 예언술, 의술 … 표현하고 있네 : 제우스와 레토의 아들인 아폴론은 전통적으로 여기서 열거된 네 가지 기술과 결부된다. 델피는 그의 신탁을 받는 성소들 가운데 가장 중요한 곳이다. 『파이돈』 60c~61a에서 소크라테스는 그에게 큰 경외심을 표한다.

93 사출 : 의학에서 사출 조치(katharsis)란 인체의 체액들(피, 담즙, 점액 등) 가운데 질병을 초래하는 체액의 일부를 배출시키는 것을 말한다.

94 Apolouōn : 씻어내는 자

95 akolouthos : 따르는 자

96 akoitis : 배우자, 남편

97 선법 : '하르모니아'(harmonia)의 번역.

98 '아폴론'(Apolōn)은 '파괴할 자'나 '살해할 자'를 뜻한다.

99 갈망(mōsthai) : '모마이'(mōmai)는 '모스타이'(mōsthai)의 단수 1인칭 형 태로 '찾다', '갈망하다'라는 뜻의 아이올리스 방언이다. 더 일반적으로 사용되는 형태는 '마이오마이'(maiomai)로 421a에서 '오노마'(onoma)의 어원으로 나온다. '무사'의 도리스 방언이 '모사'(mōsa)임을 감안하면, '모스타이'와 '무사'의 연결은 그럴듯하다.

100 철학(philosophia) : '필로소피아'(philosophia)의 문자 그대로 뜻은 '지혜 에 대한 사랑', 지혜에 대한 욕구(갈망)이다.

101 '크세노이'(xenoi)는 아티케 지역 밖의 사람들을 가리킨다.

102 남녀의 교합을 뜻한다.

103 『신들의 계보』 195~7 참고.

104 아테나도 헤파이스토스와 아레스도 빠뜨리지는 않겠죠? : 아테나 여신은 아테네인들의 특별한 후원자였다. 아테네인들은 아파투리아 축제에 서 아테나와 함께 헤파이스토스를 경배했다. 그들은 그를 위한 사원 을 도시 내에 세웠다. 아레스와 관련해서는, 아레오파고스 언덕 이름 이 그에게서 따온 것으로 추정된다.

105 신의 지성(theou noēsis) : 호메로스에 따르면(『일리아스』 28권 4~5), 아 테나는 제우스의 머리에서 나왔다고 한다.

106 아티케식 표현이 아니라는 뜻.

107 '하테아노아' : '하테노오아'(ha theonoa)와 '아테나'(Athena)가 나온 과 정은 다음과 같다. 'theou noēsis'에서 'sis'를 빼면 'theounoē'가 된 다. 여기에 'e'를 'a'로 바꾼 외국식(비아티케식) 여성 관사(hē → ha)를 덧붙이면 'ha theounoa'가 된다. 당시에는 지금처럼 'o'와 'ou'의 구별 이 없었기 때문에 'ha theonoa'가 나오게 된다.

108 직역하면, "신들 앞에서 부탁하건대"

109 에우튀프론의 "말들"이 "어떤 말인지 알기 위해서라면" : 『일리아스』 5권 221~2의 모방. 에우튀프론에 대해서는 396d~e를 보라. 에우튀프론 의 지혜를 말들과 연관 지은 것은 뒤에 진리의 추구를 전차경주에 비

유한 것과 관련이 있다.(413a, 414b, 420d). 이 비유는 파르메니데스가 했던 것이며, 당연히 플라톤은 그를 암시하고 있다.

110 383b6 참고.

111 398d8 참고.

112 '에메사토'(emēsato) : '메도마이'(mēdomai)의 단순과거 단수 3인칭, '메도마이'는 '메카노마이'(mēchanaomai)와 같은 뜻으로 '~을 교묘하게 (솜씨 있게) 궁리하다', '고안하다', '꾀하다'를 뜻한다.

113 이 삽입구는 398d에 나왔던 것인데, OCT 새 판에서 삭제함.

114 이 부분은 OCT 이전 판에서는 삭제 제안을 하면서 본문에 포함시켰으나, 새판에서는 아예 삭제함.

115 385b 참고.

116 염소 같은 것 : '트라고디아'(tragōdia)는 원래 염소를 제물로 바치는 제사에서 불리는 노래를 뜻했다. 형용사인 '트라기코스'(tragikos)는 '염소 같은'과 '비극적인'의 두 가지 뜻을 갖는다.

117 『파이돈』109b, 『티마이오스』58d 참고.

118 '포이킬레인'(poikillein)과 '아이올레인'(aiolein) : '아이올레인'은 능동의 뜻으로 '~을 재빨리 이리저리 옮기다'이며, '헤일레인'(돌게 하다, 이리저리 움직이다)와 어느 정도 가까운 뜻이다. 수동의 뜻으로 '색이 바뀌다'이며, '포이킬레인'(바뀌다, 변하다)과 가까운 뜻이다.

119 '메이스'(meis)는 달력의 달을 뜻한다.

120 디튀람보스란 주신 디오니소스에게 바치는 합창가로 가사가 복잡하고 현란하기로 유명하다.

121 aētai : 강풍

122 '가이아'는 호메로스에서 널리 사용되는 형태이다.

123 옛 아티케 알파벳은 오미크론('o')과 오메가('ō')를 구별하지 않고 모두 'o'로 표기했으므로 'horai'가 된다.

124 395e 이하 참고.

125 나는 사자의 가죽을 쓰고 있으니까 : 소크라테스 자신을 네메아의 사자

가죽을 걸쳤던 헤라클레스에 비유하고 있다. 소크라테스에게 주어진 이 이름들이 마치 헤라클레스가 상대했던 수많은 괴물들과도 같다는 것을 암시한다.

126 개에게 맹세컨대(nē ton kyna): 소크라테스가 이따금 쓰는 이 맹세는 '마톤 디아'(ma ton dia : 제우스께 맹세컨대)의 완곡어법에 해당한다. 『고르기아스』482b에서 소크라테스는 "이집트의 신, 개에게 맹세컨대"라고 더 분명하게 표현한다. 이 외에도 『소크라테스의 변론』22a, 『파이돈』98e, 『카르미데스』172e, 『국가』2권 399e와 9권 592a에서도 같은 표현이 나온다. '개'는 이집트의 아누비스를 가리킨다. 아누비스는 죽은 자를 보호하는 지역 신들 가운데 하나로, 처음에는 재칼(들개의 일종)의 모습을 하고 있었고, 나중에는 개의 머리를 가진 사람 모습으로 형상화되었다.

127 396d 이하 참고.

128 401d 이하 참고.

129 출산(gonē) : '출산'(생산)을 뜻하는 '고네'(gonē)는 '기그네스타이'(gignesthai: 생기다)의 명사형으로 새끼나 자식을 '낳음', 또는 낳은 '자식'이나 '새끼'를 뜻한다.

130 '네오에시스'에서 자모 'eo'가 'oe'로 자리바꿈을 해서 '노에시스'로 되었다.

131 에이(e) : 5세기 말에 아테네에 도입된 이오니아 알파벳에서 엡실론('e')은 '에이'로, 오미크론('o')는 '우'('ou')로 발음되었다. 이후 본문에 나오는 '에이'와 '우'는 모두 '엡실론'과 '오미크론'으로 옮겼다.

132 sōphrosynē : 절제

133 epistēmē : 지식

134 이해(synesis)는 헤아림(syllogismos)과도 같다 : '쉬네시스'(synesis)는 '쉰이에나이'(syienai)에서 나온 명사로 기본 뜻은 '하나로 합침', '결합'이며, 전용되어 '이해', '인지'라는 뜻으로 사용된다. 그런가 하면 '쉴로기스모스'(syllogismos)는 '쉰'(syn)과 '로기스모스'(logismos)의 복합어

로, '쉰'은 '함께'를 뜻하며, '로기스모스'는 '레게인'(legein)에서 나온 말이다. '레게인'의 기본 뜻으로는 '모으다', '뽑다'라는 뜻이 있는 한편으로, '말하다', '헤아리다'라는 뜻이 있다. 그래서 '쉴로기스모스'는 '한데 모음'이라는 뜻과 '계산'(헤아림), '추론'이라는 뜻을 함께 가지고 있다. '쉬네시스'와 '쉴로기스모스'의 어원에서 알 수 있듯이, '헤아림', '이해', '추론'과 같은 인식작용은 함께 모으는 지적 작용과 연관이 있음을 암시한다.

135 synienai : 함께 가다.

136 404d 이하를 보라.

137 아티케식 표현이 아니라네 : 직역하면 "아주 외국식 표현(xenikōnteron)이네." 곧이어 '소피아'(sophia)는 라케다이몬(스파르타) 방언에 의지해서 설명된다.

138 플루타르코스(『리쿠르고스』2)에 따르면, 수스는 리쿠르고스의 선조였다.

139 agathon : 좋은, 훌륭한

140 422a6에서 '아가톤'(agathon)은 '아가스톤'(agaston)과 '토온'(thoon)이 합쳐진 것이라는 설명이 다시 나온다.

141 dikaiosynē : 정의

142 dikaion : 정의로운

143 나아가기 : '코레인'(chōrein)은 '나아가다'라는 뜻도 있지만 일차적인 뜻은 '물러서다', '후퇴하다'이다. '코레인'을 '물러서다'로 하면 '관통하는 것'과 대비가 잘 되는 측면이 있다. 그러나 같은 맥락인 402a에서 이 동사는 '나아가다'(또는 '움직이다')로 쓰이고 있고, 바로 앞 문장 '모든 것이 운동 중에(en poreia) 있다고 생각하는 사람들'에서 '포레이아'(poria)도 문맥 상 '운동'으로 옮겼지만 원래 뜻은 '나아감', '달려감'이라는 뜻이어서 바로 이어서 나오는 '코레인'을 '물러선다'로 하면 어색한 구석이 있다. 게다가 관통하는 것과의 대비가 굳이 살지 않더라도 모든 것이 나아가지만(움직이지만) 특별히 그 중에서 나아가는 것들을 모두 뚫고 지나가는 것이 있다는 말은 내용상으로 이상하지

않다.

144 『테아이테토스』 152c 이하 참고.

145 이(touto) 정의로운 것이 원인이기도 하다 : OCT 새 판은 'touto'를 'tauto'로 수정한 것이다. 이전 판에 따라 번역하면 "이 정의로운 것이 원이이기도 하다는 것을"이다. "정의로운 것과 원인이 동일하다는 것을"이 된다.

146 396a~b 참고.

147 경계를 벗어난다(hyper ta eskamena) : 대답할 수 없는 것을 묻는다는 뜻. 직역하면 "도랑을 뛰어 넘는다"인데, 도랑은 마차 경주로의 경계를 표시하기 위해 파 놓은 것을 말한다.

148 스스로 다스리는 자(autokratōr) : 다른 무엇에도 의존하지 않고 오로지 자신의 힘으로 다스리는 자를 뜻함. 아낙사고라스의 단편 12(DK 59B12)에서는 명사 형태인 '아우토크라토르'(autokratōr) 대신 형용사 '아우토크라테스'(autokrates)가 쓰였다.

149 anreia : 거꾸로 흐름.

150 '그런 작용'(ergon)은 반대되는 흐름을 가리킨다.

151 arren : 남성.

152 anēr : 남자(성인).

153 gynē : 여자(성인).

154 gonē : 자궁.

155 thēly : 여성.

156 thēly : 여성.

157 thallein : 자라다, 번성하다.

158 경주로를 벗어나 달리듯 하고 있다 : '달리다'라는 말을 실마리로 해서 소크라테스가 진로를 벗어났다고 말하는 이유는 방금 살펴본 '남성', '여성' 등의 이름들은 덕의 이름들이 아니기 때문이다.

159 technē : 기술.

160 이렇게 하면 '테크네'(technē)가 '에코노에'(echonoē)로 된다.

161 katoptron : 거울

162 삽입된 로(r) 때문에 본다(opto)는 뜻이 드러나지 않기 때문.

163 '스핑크스'(sphinx)라고 부르는 : 헤시오도스는 『신들의 계보』 326에서 '픽스'("파멸을 가져다주는 픽스")라는 이름을 사용한다. 여기서 스핑크스는 에키드나와 오르토스의 자식으로 그려진다. '스핑크스'의 어원을 '스핑게인'(sphiggein: 고문하다)에서 찾는 것은 적절하지 않다. 그녀의 거처가 보이오티아의 피키온(Phikion) 산이므로 이 산의 이름에서 유래한 것으로 보인다. 스핑크스는 얼굴은 여자이고 가슴과 발은 사자이며 맹금류의 날개를 가진 괴물로 오이디푸스를 포함하는 테바이 전설권과 관계가 깊다.

164 390b 이하 참고.

165 "자네가 내 힘을 약하게 할까봐 두렵네" : 『일리아스』 6권 164~5. 헥토르가 자신에게 포도주를 가져다주려는 어머니에게 하는 말. "존경하는 어머니, 감미로운 포도주랑은 제게 가져오지 마십시오. 그것으로 당신이 제 힘을 약하게 할까 두렵습니다."

166 mēkos : 길이, 크기.

167 anein : 성취하다.

168 aretē : 덕(德), 탁월함.

169 kakia : 악(惡), 악덕(惡德).

170 "사물들을 향한 나쁜 움직임"으로 옮길 수도 있다.

171 euporeia(eu + poros) : 쉽게 통과함, 나아가는데 아무 지장이 없음

172 413d 이하 참고.

173 kakon : 나쁜

174 413d 참고.

175 409d~e 참고.

176 kalon : 아름다운, 훌륭한

177 aischron : 추한, 수치스러운

178 384b1 참고.

179 좋은 발음(harmonia) : '하르모니아'는 목소리의 높낮이(억양)를 뜻하기
    도 하므로 "단지 억양(엑센트)과 '우'의 길이만 조금 바뀌었다"로 옮길
    수도 있다.

180 'ou'가 'o'로 바뀜.

181 sympheron : 유익한

182 lysiteloun : 이로운

183 ōphelimon : 유용한

184 kerdaleon : 득이 되는

185 혼이 사물들과 함께 '동시에 움직인다'(hama phora) : 412a 이하 참고. 세
    계 혼의 모사물인 인간 혼의 이성적인 부분은 원운동 자체의 영향을
    받는다. 이 운동의 규칙성은 그것의 산물들에 영향을 미친다. 『티마
    이오스』 43b~44a, 『법률』 898a~b9 참고.

186 kerdos : 이득

187 '케르노스'(kernos)

188 아티케식 이름이 아니라는 뜻.

189 auxēn poiein : 자라게 하다.

190 '아욱센 포이에인' : 필사본은 '아욱센 포이에인'이 아니라 '아욱세인
    카이 포이에인'(anxein kai poien)으로 되어 있다. 필사본대로 옮기면,
    "…그것은 '아욱세인'(증가하다)과 '포이에인'(만들다)에서 나온 말이네"

191 asymphoron : 유익하지 않은.

192 anōpheles : 유용하지 않은.

193 alysiteles : 이익이 안 되는.

194 akerdes : 득이 안 되는.

195 blaberon : 해로운

196 zēmiōdes : 손해가 되는.

197 blapton : 방해하는 것, 해를 끼치는 것.

198 404d, 412b 참고.

199 haptein : 붙잡아매다. 꽉 잠그다.

200 dein : 묶다.

201 415c, 402e, 403c 이하 참고.

202 404d, 409c 참고.

203 노래(nomos) : 음악에서 '노모스'는 곡조(가락)를 뜻하며, 특별히 기원
전 7세기 초엽의 레스보스 시인 테르판드로스가 창작한 멜로디의 유
형을 가리키기도 한다. 여기서 헤르모게네스는 '블랍테룬'이라는 말
의 길이나 리듬을 염두에 두고 이렇게 말하고 있는 것 같다.

204 다듬어져 있어서(tetragōdēmenon) : 414c5에서도 같은 표현이 나온
다. '트라고데오'(tragōdeō)는 비극에서 행해지는 연기를 가리키는 말
로 과장된 표현을 뜻하기도 한다. '윤색하다'로 번역한 '칼로피조'
(kallopozō)와 마찬가지로 말을 손질하여 다듬는다는 뜻으로 쓰였다.

205 낮은 사물들을 온순하게(hēmera) : '낮'(hēméra)과 '온순하게'(hēmera)
는 알파벳이 모두 같고 액센트의 위치만 다르다. 'hēméra'는 영어의
'day'와 마찬가지로 '낮'과 '날'(하루)이라는 뜻을 같이 가지고 있다.

206 '묶는 것'(deon) : '데온'(deon)은 '데오'(deō)의 현재분사형태이다. '데오'
는 두 가지 뜻으로 쓰인다. 하나는 '묶다', '속박하다'라는 뜻이고, 다
른 하나는 '모자라다' '결핍상태에 있다'라는 뜻이다. '결핍 상태에 있
다'는 '필요로 하다'와 같은 뜻이다. 그래서 이런 뜻의 '데오' 동사는
영어의 'need'처럼 '~할 필요가 있다', '~해야 한다'라는 뜻의 조동사
로 사용된다.

207 euporon : 쉽게 통과하는(형통)

208 hēdonē : 즐거움(쾌락),

209 lypē : 고통.

210 epithymia : 욕구.

211 ania : 슬픔.

212 algēdōn : 괴로움.

213 algeinos : 괴로운.

214 odynē : 비통

215 achthēdōn : 성가심(짐스러움).

216 움직임의 무거움(baros)을 묘사하는 : "움직이는 데 짐이 되는 것을 나타내는"으로 옮길 수도 있다.

217 chara : 기쁨.

218 '순조롭다'(euporia) : 415c 이하 참고.

219 terpsis : 환희.

220 terpnon : 환희에 찬.

221 euphrosynē : 유쾌.

222 epithymia : 욕구.

223 『티마이오스』 706b 이하 참고.

224 himeros : 열망.

225 어디엔가(pou) : 호메로스나 다른 시인들의 시에서 '포티'(pothi)는 아티케 방언의 '푸'(peu)와 같은 뜻이다.

226 doxa : 의견

227 oiēsis : 생각(의견)

228 boulē : 의도, 계획

229 '불레'가 던짐(bolē)과 관련이 있으며(pros) : OCT는 필사본의 '프로스'(pros)를 '포스'(pōs)로 고쳐 읽음. 수정을 따르면 "'불레'가 어떤 의미에서는 '던진다(발사)는 뜻을 나타내며…"로 옮길 수 있다.

230 boulesthai : 원하다, 의도하다

231 bouleuesthai : 숙고하다

232 aboulia : 무계획

233 anankē : 강제

234 hekousion : 자발적인(의도적인)

235 의도에 따라 이루어지는(tōi kata tēn voulēsin gignomenōi) : 이 구절은 '의도에서 나온(따온)'으로 옮길 수도 있다. 그렇게 되면 전체 문장은 "그러나 내가 말했듯이, 그것은 움직임(나아감)에 양보하는 것을 뜻하네, '불레시스'(의도)에서 나온 이름이 그것을 표현해 주고 있을 걸세"가

된다.(C. 달리미에르, 1988) 이 번역은 '불레시스에서 나온 이름'을 '불로메논'(boulomenon)으로 본다. 반면에 본문의 번역에서 '이 이름이'는 '헤쿠시온'을 가리킨다.

236 alētheia : 참(진리)

237 pseudos : 거짓

238 on : 있는(존재하는) 것.

239 onoma : 이름

240 onomaston : 호명된 것

241 분석하신 : 원어는 '디아케크로테케나이'(diakekrotēkenai)로 망치로 '두드려 조각내다'라는 뜻이다.

242 ion : 나아감

243 rheon : 흐름

244 doun : 묶음

245 409d~410, 416a이하 참고.

246 경기에서는 핑계가 통하지 않는 법이므로 : 속담형태의 표현이다. 『법률』 751d에서도 같은 표현이 나온다.

247 thoon : 빠른.

248 412c 참고.

249 최초의 이름들(ta prōta onamata) : 414c4에서도 '타 프로타 오노마타'는 사물들에 붙여진 최초의 이름들을 가리키는데, 요소로서의 지위를 갖는지는 분명하지 않다.

250 393c8 참고.

251 『국가』 394d 이하 참고.

252 389b 참고

253 421c 참고

254 rhoē : 흐름

255 ienai : 나아가다

256 schesis : 멈추게 함(저지)

257 존재(on) : '온'(on)을 다른 곳에서는 모두 '있는 것'으로 옮겼지만 여기
  서는 적절하지 않다. 여기서 '온'은 '우시아'(본질)와 같은 뜻으로 번
  역하면 자연스럽지만, 우시아의 번역어와 구별하기 위해 '존재'로 옮
  겼다.

258 요소들(stoicheia)은 '자모'를 가리킨다.

259 앞서 말한 방식으로 : 424c6~4255d6에서 말하는 자모와 사물들의 구
  별을 가리킨다. 옛 사람들도 낱말이나 음절의 조합, 그리고 문장의
  구성을 자의적으로 한 것이 아니라 이런 구별에 맞게 한 것이므로,
  "옛 사람들이 구성했던 방식으로"라고 옮겨도 무방하다.

260 401a 참고.

261 "온 힘을 다해" : 『대 히피아스』 301c 참고.

262 장치에 의지해서 신들을 등장시키듯이 : 아리스토텔레스, 『시학』 15장
  1454b 참고.

263 돌진(hesis) : '헤시스'(hesis)는 411d에서는 '열망'으로, 420a에서는 '충
  동'으로 번역하였다.

264 ienai : 나아가다

265 staesis : 정지

266 rhein : 흐르다

267 rhoē : 흐름

268 tromos : 떨림

269 trechein : 달리다

270 krouein : 때리다

271 thrauein : 산산 조각 내다

272 ereikein : 찢다

273 thryptein : 부수다

274 kermatizein : 부스러뜨리다

275 rhybein : 빙빙 돌리다

276 412d 이하 참고

277 psychron : 추운, 떨리는

278 zeon : 끓는

279 seisthai : 흔들리다

280 '세이스모스'(seismos) : 흔들리는. OCT 새 판은 '시스모스'(simos)로 고쳐 읽는다. '시스모스'는 '식시스'(sixis)와 같은 뜻이며, 달궈진 쇠를 찬물에 넣을 때 나는 소리를 나타낸다.

281 olisthanein : 미끄러지다

282 leion : 매끄러운

283 liparon : 반질반질한

284 kollōdes : 끈적끈적한

285 glischron : 찐득찐득한

286 glyky : 달콤한

287 gloiōdes : 끈적거리는

288 안에서 : 뉘는 콧소리로 입천장이 혀 가까이 낮게 깔리는 상태로 발음되는데, 이 때 날숨의 공기가 콧속의 빈곳(비강) '안에서'(endon) 진동하면서 소리가 난다.

289 endon : 안에

290 entos : 속에

291 mega : 큰

292 mēkos : 길이

293 그 이유는 이 자모들이 크기 때문이네 : '크다'가 무엇을 뜻하는지에 대해서는 논란이 있다. 음의 길이가 길다는 뜻으로 보는 것은 문제가 있다. 길이를 뜻하는 말로 '마크로스'(makros)가 따로 있을 뿐 아니라 '메가'(mega)의 'a'는 짧기 때문이다. '메가'는 '중요하다'는 뜻으로 옮길 수도 있는 말이지만, 여기서는 이 자모들을 발음할 때 입이 벌어지는 크기가 크다는 뜻으로 이해하는 것이 적절한 것 같다. 달리미에르(C. Dalimier)(1998) 주석 379 참고.

294 **공귈론**(goggylon) : 둥근. 감마(g)가 두개 겹치면 'ng' 발음이 나기 때문

에 'gg'는 보통 'ng'로 표기하지만, 여기서는 어휘가 어떤 자모로 이루어 졌는가를 정확히 표기할 필요가 있어서 발음을 기준으로 표기하지 않았다.

295 "비록 누군가가 작은 것에 작을 것을 보탠다 하더라도 그것은 유익한 일이네" : 헤시오도스의 원문은 인용문과 차이가 있다. "그대가 작은 것에 작은 것이라도 보탤 수 있다면, 그리고 자주 그렇게 할 수 있다면, 그 작은 것은 큰 것이 될 수 있기 때문이오."(『일과 날』 361~2)

296 이렇게 말합니다 : 『일리아스』 9권 644~645. 「탄원」 : 플라톤이 이 글을 쓸 당시에는 『일리아스』와 『오뒷세이아』가 지금처럼 권별(총24권)로 나누어져 있지 않았고 사건별로 구분되어 있었다. 이렇게 구분된 부분들을 플라톤이나 아리스토텔레스는 특정 소제목으로 일컫곤 했다. 「탄원」은 그 한 사례다.

297 호메로스를 가리킨다.

298 『일리아스』 1권 343, 3권 109 참고.

299 422d 참고.

300 388b에서 "이름은 일종의 가르치는 도구"라고 말했었다.

301 388d~390a 참고.

302 383b~384a, 384c, 407e~408b 참고.

303 이름의 뜻을 드러내는 본성을 가진 자, 바로 그 사람 : 하인도르프의 수정('hēn to onoma dēloi')에 따라서 "'헤르모게네스'라는 이름이 나타내는 본성(성격)을 가진 바로 그 사람의 이름이죠"로 옮기는 것이 자연스럽기는 하지만, 문장이 전달하고자 하는 뜻의 차이는 없으므로 필사본('hē to onoma dēlousa')을 따랐다.

304 있는 것들을 말하지 않는 것 : 『소피스트』 260c3에서는 "있지 않은 것들을 말하는 것"으로 표현된다.

305 상은 상이 묘사하는 대상과 똑같은 성질을 갖지 못한다는 것을 : 직역하면, "상은 상이 묘사하는 대상과 똑같은 성질을 갖기에는 얼마나 많이 부족한가를".

306 393d~e 참고.

307 이들에 관해서는 알려져 있는 것이 없다.

308 430b 이하, 424d~425a 참고.

309 426c~e 참고.

310 427b 참고.

311 에레트리아인은 '스클레로테르라'(sklērotēr)고 부른다 : 에레트리아는 에우보이아 남부에 있는 도시이다. 이 지역에서 사용되는 이오니아 방언은 모음으로 시작하는 낱말 앞에 오는 낱말의 끝 자음이 시그마(s)에서 로(r) 바뀌었을 가능성을 보여준다.(아티케 방언의 'hopōs an'이 에레트리아의 비문에는 'hopōr an'으로 되어 있는 것이 한 사례이다.) 그러나 LSJ의 'sklērotēr' 항목에 따르면, 에레트리아의 비문에는 끝 자음 시그마가 유지되고 있고, 모음 사이에 오는 시그마만 로로 바뀌었을 뿐이라고 한다.

312 432a 참고.

313 414c3 참고.

314 430c12 참고.

315 이름들에 의지해서 : '이름들에 의지해서'의 원문은 'kata taûta'이다. 이 'taûta'는 이름을 가리킨다고 보는 것이 크라튈로스의 입장과 잘 맞는다. OCT는 'kata tau'ta'로 고쳐 읽는데, 그럴 경우에는 "사물들을 '바로 그것들에 맞게' 동일한 방법으로 탐구하고 찾아한다"로 옮길 수 있다.

316 401b 참고.

317 429b~e 참고.

318 같은 경향을 보여준다 : 411c에서 소크라테스는 덕과 관련 있는 이름들을 살펴보기 시작하면서 사물들이 흐르며 움직인다는 가정 아래 이름들이 붙여진다는 점에 주의를 환기시킨다.

319 'epi'와 'histēsi'로부터 'epistēmē'가 나오려면.

320 bebaion : 확고한

321 historia : 탐구

322 piston : 신뢰

323 mnēmē : 기억

324 hamartia : 잘못

325 symphora : 불운(不運)

326 다른 이름들과 같아 보인다네 : '하마르티아'는 '호마르테인'(homartein 동행하다)와 비슷하고, '쉼포라'는 '쉼페레스타이'(sympheresthai 함께 따라 움직이다)와 비슷하다.

327 [판본 A] […] : 사각 괄호 안의 원문(437d10~438a2)은 W 사본에만 들어 있고 βTQ 사본들에는 들어 있지 않다. 자흐만(Jachmann)은 이 대목에 두 가지 판본(판본 A와 판본 B)이 있다는 것을 확인하고 [판본 A]를 가짜로 추정했다. 그러나 OCT 새판에서는 캅(Kapp)의 추정을 받아들여 두 판본 모두 플라톤이 쓴 것으로 보고 본문처럼 배치했다. 캅이 438b4~7을 [판본 A]에 포함시킨 것은 "그렇다면 그들이 알고 이름을 붙였다거나, 그들을 입법가라고 우리가 어떻게 말할 수 있을까?"라는 물음이 437e에서 "나라들에서 이름을 붙이는 사람들"에 대해 언급한 것에 기초한 것일 가능성이 크다고 보기 때문이다. [판본 A] 다음에 배치된 [판본 B]는 [판본 A]의 수정본으로 추정된다.

328 436c1 참고.

329 435d5~e1 참고.

330 425d8 참고.

331 437a 이하 참고.

332 『메논』81c 아하 참고.

333 직역하면, "제우스의 이름으로 부탁하건대 잠깐만!"

334 411b6 참고.

335 아름다운 것 자체가 있고 좋은 것 자체가 있으며 : 아름다운 것 자체나 좋은 것 자체는 형상들을 가리키는 표현이다.

336 언제나 자신과 동일한 것으로 있다(toiouton aei estin hoin estin) : 원문에

좀 더 가깝게 옮기자면, "언제나 그것인 바로 그런 것으로 있다."

337 "그것이 이것이다." … "그것이 그러그러하다"라고 : 우리가 "아름다운
것 자체는 언제나 흐른다."라고 말할 때, 우리는 먼저 그것을 '이것'
('아름다운 것 자체')으로 확인하고, 그 다음에 그것을 '그러그러하다'
('언제나 흐른다')라고 서술한다.

338 『티마이오스』 49d~50b 참고.

339 어떤 앎도 … 앎은 아니네. : 직역하면, "어떤 앎도, 그 앎의 대상이 어
떤 상태를 전혀 유지하고 있지 않다면, 그것(대상)을 알지는 못할 것
이네." 『국가』 477a 참고.

작품 안내

1. 『크라튈로스』의 주제

이 대화편은 "이름의 올바름에 관하여(peri onomatōn orthotētos)"라는 부제를 갖고 있는데, 이것은 후대의 누군가가 붙인 것이지 플라톤 자신이 붙인 것은 아니다. 그러나 그 부제는 이 대화편의 주제를 잘 드러내 준다. 이 대화편의 주제를 '언어의 기원'에 관한 것으로 본 학자도 몇몇 있었지만, 이것은 부수적인 논의거리일 따름이다. 이름의 올바름에 관한 문제는 기원전 5세기 후반에 소피스트들의 큰 관심거리였다. 소크라테스는 그들을 가리켜 이름의 올바름에 대해 아는 자들(hoi epistamenoi)이라고 말하기조차 하며(391b), 그들이 그 주제로 돈을 받고 강의를 했다는 사실 또한 알려 준다(384b, 391b-c). 그는 그러한 강의를 했던 소피스트들로, 특히 프로디코스와 프로타고라스를 들고 있다.

이 대화편의 주제를 분명히 하기 위해서는 먼저 '이름'으로 번역되곤 하는 onoma[1]라는 용어에 대해 살펴볼 필요가 있을 것이다. 이 대화편에서는 onoma의 사례들로서, 대체로 고유명사들과 일반명사들을 들고 있다. 그래서 onoma는 '이름'으로 번역하는 것이 무난할 것으로 보이기도 한다. 그러나 이 용어가 때로 형용사들에 적용되는가 하면, 심지어 동사들에 적용되기조차 한다(414a-b, 420c, 426e). 이렇듯 onoma란 용어가 폭넓게 쓰이고 있는 까닭에, onoma를 '이름'이라고 번역하기보다는 '낱말'처럼 외연이 넓은 용어로 번역하는 것이 어쩌면 나을지도 모른다. 하지만 이 대화편에서, onoma는 이름을 붙임(tithenai)이나 이름을 부름(kalein)과 관련해서 사용되므로, 그것을 '낱말'로 번역하기보다는 '이름'이라 번역하는 것이 더 적절하다.

이 대화편의 주제는 이름의 올바름(onomatōn orthotēs)이 '있는 것들' 각각에 자연적으로 있는가(383a), 아니면 합의나 관습에 의해서 있는가(384d) 하는 것이다. 이 문제에 관해 크라튈로스는 자연주의(naturalism)라 불리는 입장에 서고, 헤르모게네스는 규약주의(conventionalism)라 불리는 입장에 선다. 그리고 소크라테스는 중재자로 등장한다. 그런데 주제어인 '이름의 올바름

---

1 복수 형태는 onomata.

(onomatōn orthotēs)'이란 무엇을 뜻하는 것일까? 이 말은 학자들에 따라 달리 번역되는가 하면, 같은 학자의 경우에도 문맥에 따라 다르게 번역하기도 한다.[2] 그러나 이 대화편에서 '이름의 올바름'이란 대체로 '어떤 이름이 올바른 이름이 되게 해 주는 것'[3]이며, 또한 올바른 이름을 판별하는 기준, 즉 '올바른 이름의 기준'이기도 하다.[4] 이는 마치 '경건함(hosiotēs)'이란 모든 경건한 행위가 경건한 것이 되게 해 주는 것이면서, 또한 경건한 것을 판별하는 기준이 되는 것과도 같다.[5]

---

2 이를테면 리브는 'onomatos orthotēs'를 거의 일관되게 '이름의 올바름(a correctness of name)'이라 번역하지만, 메리디에와 달리미에는 대화편의 도입부 몇 줄 속(83a4–b2)에 첫 번째 나오는 그 어구를 '올바른 호칭'으로, 두 번째 나오는 것을 '이름붙이는 올바른 방식'으로 번역하기도 한다. 달리미에는 또한 400d와 400e에서 'orthotēs'를 '규칙'으로 번역하고, 411a에서는 '정당화할 수 있는 방식'으로 번역하고 있다. 그러나 그도 그 밖의 부분에서는 '이름의 올바름(la rectitude de la denomination/ d'un nom)'이란 번역어를 택하고 있다. 이 해제부분에서는 'onomatos orthotēs'를 '이름의 올바름'으로 일관되게 번역했다. C. D. C. Reeve(1997), L. Méridier(1989), C. Dalimier(1998).

3 D. Sedley(2003), p.3; S. Keller(2000), p.304.

4 바니는 'onomatōn orthotēs'가 '이름들을 위한 올바름의 기준'(standard of correctness for names)을 뜻하는 것으로 여긴다. 유사하게 세들리도 이 대화편의 문제를 "어떤 기준이 어느 주어진 대상에 대한 이름의 올바른 선택을 판정하는가 하는 것으로 본다. 곧 대상에 이름을 올바르게 붙였는가를 판정하는 기준이 문제라는 것이다. R. Barney(2002), p.24; D. Sedley(2006) 도입부.

5 『에우튀프론』, 6d9–e6.

2. 『크라튈로스』의 줄거리

1) 이름의 올바름에 대한 상반된 두 견해:
헤르모게네스의 규약주의와 크라튈로스의 자연주의(383a–385e)

헤르모게네스는 이름의 올바름(orthotēs)에 관한 크라튈로스의 견해를 다음과 같이 정리한다(383a–b).

(1) 있는 것들 각각에는 이름의 올바름이 본래 자연적으로 있다.

(2) 이름은 사람들이 합의하고서 붙이는 것이 아니다.

(3) 이름의 올바름은 본래 있으며, 그것은 그리스 사람과 이민족 사람 그들 모두에게 똑같은 것이다.

여기서 (1)은 이름의 올바름이 객관적으로 있다는 것이고, (2)는 그것이 합의에 의해서 있는 것이 아니라는 말이며, (3)은 그것이 보편적으로 있다는 것이다. 그러니까 이름의 올바름은 합의에 의해 있는 것이 아니고, 객관적이며 보편적으로 있다는 것이 크라튈로스의 견해인 셈이다. 이에 반해 헤르모게네스는 그것의 객관성과 보편성을 모두 부정한다. 그 입장은 다음과 같다(384c–d).

(1) 이름의 올바름은 합의와 동의에 의해 정해진다.

(2) 누군가가 어떤 것에 무슨 이름을 붙이든 그것은 올바른 이름이다.

(3) 어떤 이름도 각각의 것에 본래 자연적으로 있는 것이 아니고, 규칙과 관습에 의해서 있는 것이다.

헤르모게네스의 견해는 규약주의로 규정되곤 하지만, 그의 주장에는 규약주의로 보기 힘든 점도 있다. 왜냐하면 (1)과 (3)은 규약주의의 입장이지만, 적어도 (2)는 사회의 규약이 아닌 개인의 의지에 따라 이름이 붙여진다는 입장이기 때문이다. 하지만 이 대화편은 '자기 자신과의 합의'도 고려하므로(435a) 규약의 개념을 넓게 잡을 수도 있을 것이다. 그런데 여기서 주목할 것은 규약주의란 개념이 아니고, 헤르모게네스가 이름의 올바름을 사회적 합의와 동의에 달려 있는 것으로 보는가 하면 개인의 의지에도 달려 있는 것으로 보기도 한다는 것이다(384e-385e).

이처럼 두 견해가 대립하는 논의의 장에 소크라테스가 중재자로 등장한다. 그는 먼저 헤르모게네스의 규약주의적 견해를 논박하고, 다음으로 크라튈로스의 자연주의적 견해를 논박한다.

다음 논의 분석으로 들어가기에 앞서 한 가지 지적해 둘 점이 있다. 우리는 이 대화편의 383a-385e 부분을 도입부를 보았지만, 이 부분에는 도입부로 보기 힘든 논의가 포함되어 있다는 것이다. 그것은 참된 이름과 거짓된 이름에 관한 논증 부분이다 (385b2-d1).[6] 이 부분은 모든 이름이 다 옳다고 보는 헤르모게네스의 견해를 비판하는 것으로 이해될 수는 있지만 논의의 흐름에 장애가 된다. 그래서 스코필드는 그 부분이 적절한 위치에 놓여 있는 것이 아니라고 보고, 그것을 387c5 다음에 넣자고 제안한다.[7] 그러나 그곳은 물론이고 다른 어느 곳에도 그것을 넣기에 적합한 곳은 없어 보인다. 결국 OCT 신판에서는 그 부분을 빼자고 제안하고 있다.[8]

---

6 거기서 소크라테스는 참된 진술과 거짓된 진술이 있고, 이것들의 부분들로서 참된 이름과 거짓된 이름이 있음을 밝힌다. 그런데 이처럼 이름에 대해 참과 거짓을 논한다는 것은 부적절해 보이며, 또한 진술이 참이라는 데서 그것의 부분인 이름도 참이라는 것을 추론하는 것은 이른바 분할의 오류를 범한 것처럼 보인다. 그러나 여기서 소크라테스는 진술이 사실을 기술하는 것처럼 이름도 사실을 기술하는 것으로 보고 있다는 점을 고려해야 한다. 이름이 사실을 기술하는 것으로 본다면, 참된 이름과 거짓된 이름이 있을 수 있고, 또한 진술이 참이면 그것의 부분인 이름도 참이 될 수 있게 된다. 마치 복합명제가 참이면 그것의 요소명제도 참이 되듯이 말이다. 그러나 진술의 참에서 이름의 참을 추론하는 방식은 이 대화편의 다른 부분에서 더 이상 찾아볼 수 없고, 거짓된 진술에 대해 논하는 《소피스테스》에서도 찾아볼 수 없는 것이다.

7 M. Schofield(1972), pp.246-53

8 곧 그 부분을 사각괄호([ ])로 묶어 두었다.

2) 자연주의의 일반적 논거에 의한 규약주의 비판

소크라테스는 헤르모게네스의 규약주의를, 두 단계에 거쳐 비판한다. 그 하나는 자연주의의 일반적인 논거에 의한 비판이고 (385e-390e), 다른 하나는 어원에 대한 자연주의적인 설명에 기초한 비판이다(390e-427d). 먼저 자연주의의 일반적인 논거에 의한 비판을 살펴보기로 한다.

(1) 있는 것들의 본질(385e-386e)

소크라테스는 이름(onoma)에 대한 논의에서 '있는 것'(to on)에 대한 논의로 넘어가, 프로타고라스의 만물척도론을 비판한다. 그는, 만물척도론에 따르면 모든 사람이 다 지혜로운 사람으로 되지만, 실제로는 지혜로운 사람뿐 아니라 어리석은 사람도 있음을 들어 만물척도론을 비판하고 있다. 그리고 이 비판은 '있는 것들', 즉 사물들이 사람들에 의존해 있지 않고 그 자신들만의 확고한 어떤 실재(본질: ousia)를 가진다는 결론으로 이어진다.

(2) 행위들의 본성과 이름을 부르는 행위의 본성(386e-387d)

사물들이 그러하다면, 그것들을 다루는 행위(praxis)도 '있는 것들'에 속하는 한 종류로서 우리에 달려 있지 않고, 그 자체의 고유한 본성(physis)을 가진다. 이를테면 무언가를 자르는 행위의 경우, 우리가 원하는 방식으로 우리가 원하는 도구로 자르는 것이 아니라, 우리가 자름과 잘림의 본성에 맞게, 그리고 그러한 일에 적합한 본래의 도구로 잘라야 한다. 그런데 말하는 것도, 말하는 것의 부분인 이름을 부르는 것도 행위의 일종이므로 마찬가지이다. 곧 이름을 부르는 것도, 사물의 이름을 부르고 그것이 불리는 본래의 방식과 도구에 따라야 하지, 우리가 원하는 방식으로 해서는 안 된다는 것이다.

(3) 도구의 기능과 이름의 기능(387d–388c)

다른 기술들의 경우 어떤 도구를 사용하듯이, 이름을 부르는 것도 어떤 도구를 사용해야 한다. 그리고 직조술의 도구인 북(kerkis)이 베를 짤 때 엉켜 있는 날실들과 씨실들을 분리해 내는 기능을 하듯, 이름을 붙이는 기술의 도구인 '이름'도 사물들을 그것들이 어떤 것인가에 따라 분리해 내는 기능을 한다. 곧 이 기능을 소크라테스는 무엇인가를 가르치는 기능이라고 한다. 그러니까 이름은 일종의 가르치는(didakalikon) 도구로서 실재(본질)를 분리해 내는 기능을 한다는 것이다.

(4) 기술자로서 도구를 만드는 자와 입법가(388c–389a)

북을 사용하는 사람과 북을 만드는 사람이 따로 있다. 북을 사용하는 사람은 직조공이고, 북을 만드는 사람은 목공이다. 그런

186

데, 모든 사람이 목공은 아니고, 이 기술을 가진 사람이 목공이다. 이름의 경우도 그것을 사용하는 사람은 가르치는 데 능한 사람(didaskalikos)이고, 그것을 만드는 사람은 입법가(nomothetēs)이다. 그리고 모든 사람이 입법가는 아니고 이 기술을 가진 사람이 입법가이다.

(5) 만듦의 본 : 형상(389a-390a)

입법가는 이름을 붙일 때 무엇을 본으로 바라보는가? 북을 만드는 목공의 경우 북을 만들 때 북의 형상, 즉 북인 것 자체(auto ho estin kerkis)를 바라보고 그것을 목재에 구현하듯이, 입법가도 이름을 만들 때 이름인 것 자체를 바라보고 그것을 자모와 음절에 구현해야 한다. 그리고 장인들이 저마다 형상을 다른 어떤 재료에 구현하더라도 그것에 형상을 부여하는 한 제작된 도구는 제대로 된 것이듯이, 입법가들이 저마다 형상을 다른 음절들에 구현하더라도 그것들에 형상을 부여하는 한 그 이름은 올바른 것이다. 또한 소크라테스는 이를테면 갖가지 직물 혹은 갖가지 직조 작업에는 본래 저마다 그에 적합한 북의 형상이 각기 있다는 견해를 보이고 있다. 이는 북의 형상들에는 여러 종류가 있다는 것을 함축하는 것이다. 북의 유(類)적 형상은 하나지만, 그것의 종(種)적 형상은 여럿이라는 것이 소크라테스의 생각이다. 그는 이런 생각을 이름에 대해서도 적용하고 있다. 이를테면 입법가가 사람에 대해 이름을 부여할 때, 이름의 유적 형상은 물론이고 사람에 적합한 이름의 형상(종적 형상)도 바라보며 그것을 자모와 음절에 구현을 해야 한다는 것이 소크라테스의 생각일 것이다.

(6) 도구를 만드는 자와 사용자의 관계 : 입법가와 변증술에 능한 자의 관계(390b-390d)

그런데 어떠한 목재에 적합한 북의 형상이 구현된 것인지 여부를 아는 사람은 누구인가? 그것을 만드는 사람인 목공이 아니라 사용하는 사람인 직조공이다. 따라서 목공이 좋은 북을 만들려면 직조공의 감독을 받아야 한다. 그처럼 이름을 만드는 자인 입법가가 아니라 이름을 사용하는 자인 변증술에 능한 자(dialektikos)가 아는 자이며, 입법가가 이름을 잘 붙이려면 변증술에 능한 자의 감독을 받아야 한다.

(7) 소크라테스의 잠정적인 결론(390d-390e)

크라튈로스의 말은 맞는 말이다. 이름은 자연적으로 사물들에 있으며, 아무나 다 이름을 만드는 자(dēmiourgos)는 아니고, 각 사물에 본래 있는 이름을 주목하고 그것의 형상을 자모와 음절에 구현할 수 있는 사람이 이름을 만드는 자이다.[9]

이처럼 소크라테스는 앞의 논의에서 핵심적인 내용을 간결하게 요약하고 있지만, 앞에서 말한 (1)-(6)을 종합적으로 요약해 본다면 다음과 같이 정리해 볼 수 있다.

이름 부르는 것은 자신들만의 확고한 본질을 갖고 있는 사물들을 대상으로 이름 부르고 불리는 본래의 방식과 도구에 따라 하는 일이다. 그리고 이때의 도구는 이름인데, 이름은 본질(실재)을 분리해 내는 일을 한다. 이런 기능을 하는 이름은 아무나 만들 수 있는 일이 아니고 이름을 붙이는 기술을 가진 입법가만이 할 수 있다. 그리고 입법가가 이름을 만들 때는 각 사물에 본래 적합한 이름의 형상을 본으로 삼아서 그것을 자모와 음절에 구현해야 한다. 또한 형상이 구현된 것인지를 아는 사람은 변증술에 능한 자이므로, 이름을 잘 붙이려면 입법가는 변증술에 능한 자의 감독을 받아야 한다.

이것은 이름에 관한 자연주의적 입장의 주요 논거가 되는 것이다. 그리고 그것은 헤르모게네스가 생각하듯이 이름이 누구나 만들 수 있는 것도, 합의나 관습에 의해 붙여지는 것도 아님을 밝히는 것이기도 하다.

---

9 앞서의 논의에 의해 밝혀진 것을 소크라테스는 "이름은 자연적으로 어떤 올바름을 가지고 있으며, 모든 사람이 어떤 사물에 이름을 잘 붙일 줄 아는 것은 아니다"고 말하기도 한다(391a-b).

3) 어원에 대한 자연주의적인 설명에 의한 규약주의 비판

어원 설명에 관한 논의는 다음과 같이 도입된다(390e-391d).
헤르모게네스는 앞서 살펴본 자연주의의 일반적 논거에 의해 크
게 동요된다. 그러나 자신의 입장을 갑자기 바꾸기는 쉽지 않다
고 하면서, 자신이 확실하게 설득될 수 있도록 소크라테스가 생
각하는 '이름의 본래적인 올바름'(he physei orthotēs onomatos)이
무엇인지를 밝혀 달라고 요청한다. 이에 소크라테스는 자신이
그 문제에 대해 알지 못한다는 점을 다시 환기시키면서 그것을
함께 살펴보자고 제안한다. 먼저 그는 호메로스나 다른 시인에
게서 그것에 대해 배우고자 한다. 그리하여 그는 호메로스의 말
을 분석하면서 어원 설명으로 접어든다.

이 대화편에서 어원 설명 부분은 대화편 전체의 5분의 3을 차
지하며[10], 108가지의 이름들에 대해 약 140가지의 어원 설명을
담고 있다.[11] 소크라테스가 들려주는 어원 설명에 따르면, 고대
그리스의 언어는 대상들 각각이 무엇인지를 드러내 주는 표현
들의 정교한 집합과도 같은 것이다.[12] 소크라테스는 어원 설명을

---

10 이 대화편 전체는 O.C.T로 87쪽이며, 이중 어원 설명 관련 부분
    (390e-427d)은 54쪽이다.
11 M.W. Riley(2005), p.1 참고.
12 D. Sedley(2006) 3장 도입부.

통해 자연주의를 옹호하는데, 이는 일단 크라튈로스의 입장을 뒷받침해 주는 것으로 보인다. 어원 설명 부분은 다음과 같이 네 가지 영역으로 나뉜다.[13]

(1) 호메로스의 작품 속 이름들을 비롯한 사람들과 신들의 이름 고찰 (391c–397b)

① 『일리아스』에 나오는 강, 새, 언덕의 이름 및 사람의 이름들 (391–394e)

② '오레스테스'와 그의 선조들의 이름들, 그리고 '제우스'와 '크로노스'와 '우라노스'라는 이름들(394e–396c)

③ 막간(396c–397b) : 소크라테스는 자신이 어원 설명을 하고 있는 것은 예언가인 에우튀프론에게서 비롯된 지혜 덕택이라고 보고, 그 밖의 이름들과 관련해서도 이 지혜를 이용하겠다고 한다. 그러나 내일은 그것을 내쫓아 버리고 정화를 할 참이라고 말한다.

(2) 우주론의 어휘들을 통한 여러 이름 고찰(397b–410e)

소크라테스는 앞의 어원 설명을 통해서 이름의 올바름과 관련한 윤곽을 잡고, 이어서 이름들이 결코 아무렇게나 붙여지는 것

13 네 영역의 분류 방식은 새들리(2006) 3장을 참고했다.

이 아니고 어떤 올바름을 가진다는 것을 본격적으로 밝히고자한다. 그런데 영웅들과 사람들의 이름은 선조의 이름을 딴 것이거나 기원을 담은 것이어서 본질을 드러내지 못할 수가 있으므로, 이런 이름들은 제쳐 둔다. 그 대신에 그는 '본성상 언제나 있는 것들'(ta aei onta kai pephykonta)에 대해서는 올바르게 붙여진이름이 있을 가능성이 가장 크다고 보아, 그것들에 주의를 기울인다.

① 지성적 존재들의 서열과 혼과 몸(397b-400c) : '신'(theos), '신령'(daimōn), '영웅'(hērōs), '인간'(anthropos), '혼'(psychē), '몸' (sōma)

② 헤스티아를 비롯한 신들의 이름들(400d-408d)

③ 태양을 비롯한 천체들과 질료적인 원소들 및 계절과 해(年)의 이름들(408d-410e)

(3) 윤리적 함축을 갖는 이름 고찰(411a-421c)

① 지적인 덕들과 도덕적인 덕들 및 기술적 덕들의 이름들, 그리고 일반적인 평가어들(411a-419b)

② 즐거움, 고통, 욕구 등의 정서 상태와 판단 및 의지에 대한이름들(419b-420e)

③ 참과 거짓[14] 등의 이름들(421a-421c)

(4) 일차적 이름들에 대한 고찰(421c-427d)

소크라테스는 앞의 (3)까지 열거한 이름들을 복합적인 이름들
로 본다. 곧 그것들은 다른 더 단순한 이름들로 구성된 것이고,
이것들은 다시 또 다른 이름들로 구성된 것이다. 그러나 더 이
상 다른 어떤 이름들로 구성되지 않은 이름들이 있을 수 있겠는
데, 이런 이름들은 비복합적인 요소적 이름들이다. 이것들을 소
크라테스는 '일차적 이름들'(prota onomata)[15]이라고 부른다. 그리
고 이런 이름의 예로 '이온'(ion : 나아감), '레온'(rheon : 흐름), '둔'
(doun : 묶음)을 들고 있다(421c).[16]

복합적인 이름들의 경우 소크라테스는 그것을 구성하는 이름

---

14 참과 거짓이 어떤 점에서 윤리적 함축을 갖는지 의아하게 생각될 수도 있겠
    으나, 우선 그것들은 지적인 덕들과 관계가 있을 것이고, 또한 즐거움이나
    괴로움과도 관계가 있다. 플라톤은 『필레보스』편 36c-44a에서 세 종류의 거
    짓된 즐거움이 있음을 밝히고, 40c-e에서는 거짓된 즐거움은 나쁜 즐거움
    이고 참된 즐거움은 좋은 즐거움이라는 관점을 보여준다.
15 본문에서는 'prota onomata'를 '최초의 이름들'로 번역했다. 이 어구로 소크
    라테스는 이를테면 414c-d에서처럼 시간적으로 처음 생긴 이름을 뜻하기
    도 하고, 421c-427d의 논의맥락에서처럼 더 이상 다른 어떤 이름들로 구성
    되지 않은 요소적 이름을 뜻하기도 한다. 이 해제에서는 뒤쪽의 요소적 이
    름들에 대해서는 의미를 분명히 하기 위해 '일차적인 이름'이라고 했다.
16 424a에서는 같은 의미의 이름들로 'rhoē', 'ienai', 'schesis'를 언급한다.

들을 통해 이름의 올바름을 살펴본다. 그러나 일차적인 이름들의 경우는 어떤가? 이제 그는 이 이름들을 구성하는 자모와 음절에 주의를 기울인다. 일차적 이름들의 올바름은 자모와 음절을 통해 살펴볼 수 있을 것으로 생각하기 때문이다. 그는 자모와 음절이 모방에 의해 사물의 본질을 드러내 주는 일이 있을 수 있다고 보고, 이런 기능을 하는 자모와 음절을 지닌 일차적 이름은 올바른 이름이며 이름의 올바름을 지닌 것이라고 여긴다.[17] 그런데 일차적 이름들을 구성하는 자모들이 저마다 무엇을 모방하는지를 어떻게 아는가 하는 문제가 남는다. 이를 설명하기 위해 소크라테스는 그리스어 24개 자모 가운데 14개 자모를 예로 들어 이것들을 사물들과 결부시키고 있다.

소크라테스가 어원을 설명하는 데 이용한 주요 원리들에 대해서는 새들리가 잘 정리해 주고 있다. 그는 어원 설명 부분 전체적으로 살펴보고 대화편의 나머지 부분을 참조해서 20가지 원리를 제시하고 있다.[18]

17 자연주의적 입장에서는 이름의 올바름이란 있는 것들 각각이 어떠한지를 드러내 주는 그런 특성이다(422d, 428e). 곧 사물들 각각의 본질 혹은 본성을 드러내주는 특성이다.
18 D. Sedley(2006) 3장.

4) 크라튈로스의 자연주의에 대한 소크라테스의 비판

크라튈로스는 소크라테스의 어원 설명도 자신의 자연주의 입장을 뒷받침해 주는 것으로 보고 매우 흡족하게 생각한다. 그 까닭은 소크라테스가 어원 설명에서 이름을 사물들의 본질(ousia) 혹은 본성(physis)을 드러내 주는 것으로 전제하고, 게다가 유전설의 관점에서 어원 설명을 했기 때문일 것이다. 그러나 이제 크라튈로스의 자연주의가 소크라테스의 논박 대상이 된다.

(1) 이름과 사물 사이에 성립하는 모방 관계(428e-435d)

① 올바르지 않은 이름과 거짓된 이름의 가능성(428e-431c)

크라튈로스에 따르면 이름들은 모두 올바르게 붙여진 것이다. 만일 헤르모게네스가 헤르메스 가계에 속하는 어떤 것도 갖고 있지 않다면, 그에게 붙여진 헤르모게네스란 이름은 올바르지 않게 붙여진 것이 아니라, 그에게 붙여진 것조차 아니다.[19] 오히려 그 이름은 다른 어떤 사람, 즉 그 이름의 의미에 부합하는 본성을 지닌 사람에게 붙여진 것이며, 따라서 올바르게 붙여진 것이다.

여기서 소크라테스는 올바르지 않은 이름도 있을 수 있다는 것을 밝히기 위해 거짓을 말하는 것이 가능한지 여부를 논한다.

---

19 헤르모게네스의 이름에 관해서는 383b, 384c에서 먼저 언급되었다.

그는 그 가능성도 아예 부정하는 크라튈로스를 다음과 같이 논박한다. 소크라테스는, 이름도 그림도 사물들에 대한 일종의 모방물 또는 모상인데, 남자의 모상을 여자에게 할당하고 여자의 모상을 남자에게 할당하는 것이 가능하다는 데 동의를 얻어 낸다. 그러고는 그런 할당은 올바르지 않은 것이며, 이름의 경우 올바르지 않은 할당은 거짓된 것이라고도 말할 수 있다고 한다. 이에 크라튈로스는 이름의 경우만은 올바르지 않은 할당이 가능하지 않을지도 모른다는 주장을 내세우지만, 결국 그림과 이름을 달리 다루어야 할 이유는 없다는 데 동의하게 된다. 따라서 일단 두 대화자 사이에 올바르지 않은 이름과 거짓된 이름이 있을 수 있다는 데 합의가 이루어진 셈이다. 그러나 크라튈로스가 완전히 동의하고 있는 것은 아니다. 이 점은 다음 논의에서 엿볼 수 있다.

② 이름은 사물을 완전히 모방할 수 없다(431c-433b)

소크라테스에 따르면 그림의 경우 화가가 적합한 빛깔과 형태를 모두 표현할 수도 있고, 어떤 것은 빼고 어떤 것은 보탤 수도 있다. 앞의 경우는 근사한 그림을 만들어 내지만, 뒤의 경우는 형편없는 그림을 만들어 낸다. 같은 방식으로 입법가도 이름을 근사하게 만들어 내거나 형편없이 만들어 낼 수 있다.

이에 맞서 크라튈로스는 우리가 이름을 만들 때 뭔가를 빼거나 덧보태거나 자리를 바꿀 경우 전혀 이름을 만들지조차 못할 것이라고 주장한다. 그는 이름은 사물에 대한 완전한 모상이고, 완전한 모상이 아니라면 더 이상 사물의 이름이 될 수 없다고 보는 것이다.

그러나 모상은 그것이 모상이려면 결코 모방 대상을 완벽하게 표현하는 것이어서는 안 된다고 소크라테스는 반박한다. 만일 모상이 대상을 완벽하게 모방한다면, 모상과 대상의 관계는 더 이상 성립하지 않고, 동일한 두 가지만이 존재할 것이기 때문이다. 그리하여 소크라테스는 크라튈로스에게 다음과 같이 요구한다. "이름의 경우도 잘 붙여진 이름이 있고 잘못 붙여진 이름이 있다는 것을 주저하지 말고 받아들이게. 그리고 이름은 이름이 붙는 사물과 꼭 같아지게끔 모든 자모를 갖는다고 강변하지 말고, 적합하지 않은 자모도 이름에 쓰인다는 것을 인정하게." (432d-e)라고 말이다.

③ 규약주의의 부분적 수용(433b-435d)

잘 붙여진 이름은 적합한 자모, 즉 사물과 닮은 자모로 이루어진 것인 반면, 잘못 붙여진 이름이란 그것의 대부분은 적합하고 사물과 닮은 자모로 되어 있으면서 적합하지 않은 어떤 것도 포함하고 있는 것이다. 여기서 이름이 적합하지 않은 것도 포함할 수 있다는 것은 규약주의가 새롭게 등장할 수 있는 여지를 남기

는 것이다(433b-433c).[20]

크라튈로스는 잘못 붙여진 것까지도 이름이라고 말하는 것에 대해 불만스러워한다. 그러나 이름이 사물을 표현하는 수단이라는 점은 만족스럽게 생각한다. 그런데 이름들 중에서 복합적인 이름들이 표현 수단이 되려면 그것들을 구성하는 더 단순한 이름들에 의존할 것이고, 더 단순한 이름은 다시 더 단순한 이름에 의존할 것이며, 종국에는 일차적인 이름들에 의존할 것이다. 여기서 다시 일차적 이름들이 표현 수단이 되려면, 가장 좋은 방식은 그것들 각각이 대상을 최대한 많이 닮게 하는 것이다. 그리고 이 이름들이 사물과 닮으려면 그것들의 요소인 자모들이 본래 사물들과 닮은 것이어야 한다(433c-434b).

그런데 소크라테스는 사물과 이름 사이의 닮음을 전제하는 자연주의 입장에는 한계가 있다고 본다. 이 점을 그는 두 가지 사례를 들어 지적하고 있다. 이를테면 '단단함'을 뜻하는 이름인 '스클레로테스'(sklērotēs)를 보면, 이 이름에는 단단함을 표현하는 'r'뿐 아니라, 단단함의 반대인 부드러움을 표현하는 'l'도 들어 있다. 이것은 자연주의 입장에서는 설명이 안 되는 것이다. 그래서 크라튈로스는 'l'이 잘못 들어간 것으로 보고, 'l' 대신 'r'을 넣

20   괄호 안의 스테파누스 번호는 앞의 단락의 내용이 담겨있는 부분을 나타 낸 것이다.

어야 한다고 말한다. 여기서 문제는 사람들이 이처럼 잘못 구성된 이름을 듣고 그 뜻을 안다는 것이다. 이것이 어떻게 가능한지를 소크라테스가 묻자, 크라튈로스는 극단적인 자연주의자답지 않게, "그건 관습(ethos) 때문입니다"라고 답한다. 소크라테스도 "합의와 관습이 우리가 말을 할 때 뜻하고자 하는 바를 표현하는 데 뭔가 기여를 할 수밖에 없는 것 같다"고 말한다. 자연주의 입장에서 설명이 안 되는 또 하나의 사례로 그는 '수'들을 들고 있다. "수들 하나하나와 닮은 이름들을 어디서 얻을 것인가?" 이 문제는 관습을 끌어들이지 않고는 해결되지 않을 것이라는 것이 소크라테스의 생각이다. 유한한 자모로 무한한 수에 이름을 붙이자면 합의나 관습에 따른 규칙이 필요할 것이기 때문이다(434c–435d).

(2) 이름을 아는 사람은 사물도 아는가?(435d–439b)

크라튈로스는, 사물은 이름과 닮았으므로 이름을 알면 사물을 알게 될 것이라고 한다(435d–e). 이름의 연구는 사물들에 대한 앎에 이르는 확실한 방법이라는 것이다.

소크라테스는 우선 이 탐구 방법을 따르는 사람은 기만당할 위험이 크다고 본다. 왜냐하면 최초로 이름을 붙인 사람이 사물에 대해 올바르게 생각하지 못한 채 생각나는 대로 이름을 붙였을지도 모르기 때문이다(436b). 이에 크라튈로스는 이름을 붙이는 사람이 진리를 놓치지 않는다는 결정적인 증거가 있고, 그것은 그가 붙인 이름들이 보여 주는 일관성이라고 주장한다. 곧 어원 설명 부분에서 살펴본 이름들은 모든 것이 흐름이나 운동 속에 있다는 동일한 가정[21]에서 생겨났음을 알 수 있다는 것이다(436b-c). 이 견해에 대해 소크라테스는 두 가지 측면에서 반박한다. 우선 그는 출발점이 잘못되어 있으면 일관되게 잘못될 수 있다는 지적을 한다(436c-d). 그리고 운동의 관점에서 일관되게 설명할 수 없는 것으로 보이는 이름들을 제시한다(437a-c).[22]

더 나아가 소크라테스는 "최초로 이름을 붙인 사람은 알고서 이름을 붙인다는 것이 필연적이다"(436c, 438a)라는 크라튈로스의 견해와 관련해서 다음과 같은 문제를 제기한다. "최초의 이름들이 아직 붙여져 있지 않았다면 그가 어떤 이름을 통해 사물들에 대해 배우거나 알아냈을까?" 이런 물음에 크라튈로스는 더 이상 이름을 통해서라고 말하기 힘들게 되자, 이름을 통하지 않고도 사물에 대한 앎을 가지고 있을 법한 신적인 존재를 상정한다. 그러나 그런 존재가 이름을 붙였다면 일관성 없게 붙이지는 않았을 것이라고 소크라테스는 논박한다(438c).

크라튈로스는 두 부류의 이름들, 즉 '정지 쪽으로 이끄는 이름

---

21   436e

22   나중에(439c) 소크라테스는 최초로 이름을 붙인 사람이 실제로 모든 것이 운동한다고 보고 이름을 붙였다는 점만은 인정한다.

들'과 '운동 쪽으로 이끄는 이름들' 가운데 앞의 것은 결코 이름이 아니라고 보려 한다. 그런데 어느 쪽 이름이 참된 이름인지를 판정하려면 어떤 기준이 필요하고 그 기준은 두 부류의 이름 중 하나가 될 수는 없는 일이다. 그렇다고 제삼의 이름이 기준이 될 수도 없다. 그런 이름은 없기 때문이다. 그러니까 "이름들 말고 다른 무엇인가를 찾아야 한다는 것은 분명하다. 이름들에 의지하지 않고서도 어느 쪽의 이름들이 참인지를 우리에게 밝혀줄, 그래서 있는 것들의 진리를 드러내 줄 그런 것을 말이다."(438d). 이것은 바로 사물들(있는 것들) 자체라고 소크라테스는 본다. 그러니까 있는 것들을 배울 수 있는 가장 올바른 방법은 있는 것들 서로서로를 통해서, 그리고 있는 것들 자체를 통해서라는 것이다(438e). 여기서 '있는 것들 자체'란 이 대화편에서 명시적으로 말하고 있지는 않지만 다음 논의에서 나오는 바로 형상들을 가리키는 것으로 봄 직하다.

(3) 만물유전설과 형상설(439b-440e)

이 대화편의 많은 지면에서 소크라테스는 자연주의 입장을 대변해 주었고, 이것은 크라튈로스를 만족시켜 주었다. 그러나 427d부터 소크라테스는 크라튈로스를 논박하기 시작했고, 이제 논의의 막바지에 이르러서는 그가 따르는 헤라클레이토스의 견해 자체를 검토 대상으로 삼는다.

소크라테스는 이름을 붙인 사람들이 실제로 "모든 것이 끊임없이 나아가며 흐른다"(439c)고 생각하고 이름을 붙였을 것이라고 본다. 그리고 만물유전설에 맞서 형상설을 내세운다. 그는 형상들로 아름다운 것 자체와 좋은 것 자체를 제시하고, 형상의 특성을 나타내는 전형적인 어구, 곧 "언제나 같은 상태로 있고 동일한 것"이란 표현도 사용한다.

소크라테스는 만일 형상이 없다면, 그래서 모든 것이 끊임없이 흐름 속에 있다면, 그것에 대해 '이것'이나 '저것'(ekeino)이라고도, '이러저러한 것'(toiouton)이라고도, '어떤 것'(ti)이라고도 말할 수 없을 것이며, 그것은 누구에게도 알려질 수 없을 것이다. 그러니까 모든 것이 끊임없이 변한다면 앎(gōsis) 자체도 없을 것이고, 앎을 가질 자도, 알려질 것도 없을 것이다. 이와 같이 역설함으로써 소크라테스는 크라튈로스를 형상설 쪽으로 이끌고자 하지만 오히려 그는 헤라클레이토스주의로 한층 더 기운다.

3. 대화편이 남긴 주요 문제들

1) 플라톤이 이 대화편을 저술한 궁극적 목적은 무엇인가?

도입부에서부터 분명히 알 수 있듯이 이 대화편의 주제는 '있는 것들' 각각에 이름의 올바름이 자연적으로 있는가, 아니면 합의나 관습에 의해서 있는가 하는 것이다(383a, 384d). 그런데 대화편 말미(435d-439b)에서는 사물들에 대한 앎을 얻는 가장 올바른 방법은 사물들의 이름을 통해 아는 것인가, 아니면 사물들 자체를 통해 아는 것인가 하는 문제도 제기된다. 그래서 이 인식론적 문제와 이름의 올바름에 관한 문제가 서로 어떤 관계에 있는가 하는 것이 학자들 사이에 논란거리가 된다. 인식론적 문제 제기는 극단적인 자연주의의 문제점들 중 하나를 지적하기 위한 것이고, 따라서 인식론적 문제는 이름의 올바름에 관한 문제에 종속된 것에 불과한 것일까? 아니면 오히려 그 반대일까?

어떤 이는 플라톤의 주된 관심이 인식론적인 문제에 있다고 보고, 이름의 올바름에 관한 문제를 부수적인 것으로 여기기도 한다.[23] 과연 이 문제가 부수적인 것인가에 대해서는 논란의 여지가 있지만, 플라톤이 인식론적인 문제에 큰 관심을 가졌다는 것은 비교적 분명해 보인다. 이 문제를 통해 그는 자신에게 철학적 영향을 주었던 두 인물, 즉 크라튈로스와 소크라테스를 첨예하게 대립시키고 있다. 플라톤은 그 대립에서 "이름을 아는 사람은 사물도 안다"(435d)는 크라튈로스의 신념보다는, 사물들에 대해 배울 수 있는 가장 올바른 방법은 '사물들 자체를 통해서' 배

---

23 S. Keller(2000), p.284.

우는 것이라는 소크라테스의 견해를 택하고 있다(438e). 이런 점을 주목하며 새들리는 "이 대화편에서 플라톤의 궁극적인 목적은, 그의 두 스승(mentor)의 연구 방법들이 대립하게 될 때, 왜 소크라테스가 유리한지를 밝히는 것이다"라고 말하고 있다.[24]

이름의 올바름에 관한 문제와 인식론적인 문제의 관계를 어떻게 보는가는 대화편 전체의 논의 흐름이나 논의 구조를 이해하는 데 영향을 준다. 인식론적인 문제를 궁극적인 문제로 본다면, 이름의 올바름에 관한 문제는 그 문제에 종속된 것이 될 것이다. 이 경우 이를테면 어원 설명 부분은 단순히 언어학적 논의가 아니라 사물에 대한 앎을 얻는 한 방식에 관한 것으로 이해될 수 있을 것이다. 그러나 두 문제의 관계를 달리 본다면, 그에 따라 어원 설명 부분을 비롯해 대화편 전체에 대한 이해 방식도 달라질 것이다.

2) 소크라테스는 규약주의자인가 자연주의자인가?

이름의 올바름에 관해 소크라테스는 과연 어떤 생각을 갖고 있는 것일까? 그는 어원 설명 부분에 이르기까지는 헤르모게네스의 규약주의를 비판하고 자연주의를 지지하는 것으로 보인

---

24   D. Sedley(2003), p.23.

다. 그러나 그 이후 소크라테스는 크라튈로스의 자연주의를 비판하면서 합의나 관습의 필요성을 인정하기도 한다. 그래서 소크라테스 혹은 플라톤의 진짜 입장은 무엇일까 하는 의문이 생긴다. 이 문제는 오랜 기간에 걸쳐 학자들 사이에서 큰 논쟁거리가 되어 왔다. 어떤 이는 소크라테스가 결국 규약주의 쪽으로 기울었다고 보고, 어떤 이는 그가 자연주의 입장을 유지한다고 보며, 어떤 이는 그가 규약주의도 자연주의도 옹호하지 않는다고 본다.

소크라테스의 진짜 입장을 가려보기 위해서는 그가 자연주의를 포기한 것이 아닌가 하는 의혹을 사는 두 가지 사례를 살펴볼 필요가 있다. 먼저 그 한 사례를 살펴보자(434c-435b). 소크라테스는 'sklērotēs'(단단함)라는 이름 속에는 단단함을 나타내는 'r'뿐만 아니라 부드러움을 나타내는 'l'도 들어 있음을 지적한다. 그리고 그 이름이 'l'처럼 적합하지 않은 자모를 갖고 있는데도 사람들이 그 뜻을 아는 것은 관습 때문이라는 점을 밝힌다. 과연 이러한 논변이 자연주의의 포기를 함축하는 것으로 해석될 수 있을지는 의문이다. 단지 그것은 이름들 가운데 자연주의적 관점에서 이해될 수 없는 것도 있음을 밝혀 줄 뿐이기 때문이다. 그러면 적합하지 않은 자모를 갖고 있는 'sklērotēs'와 같은 이름에 대해 소크라테스는 실제로 어떤 입장일까? 그는 그런 이름이 잘 붙여진 좋은 이름이라고 생각하는 것 같지는 않다. 그의 견해에 의하면 잘 붙여진 이름이란 사물에 적합한 자모들을 가진 이름이고, 잘못 붙여진 이름은 그것의 대부분이 적합한 자모들로 되어 있지만 적합하지 않은 어떤 자모도 포함한 이름이기 때문이다(433b-c). 여기서 잘 붙여진 이름에 대한 소크라테스의 생각은 자연주의적인 입장을 보여주고 있다. 그러니까 이름은 가능한 한 사물에 적합한 자모로 붙여져야 하는데—그래야 잘 붙여진 좋은 이름이니까—그렇지 못한 특수한 것도 있다는 것이 소크라테스의 생각이라고 할 수 있을 것이다.

또 하나의 사례도 살펴보자. 그것은 수들의 이름에 관한 것이다. 소크라테스는 크라튈로스를 상대로 다음과 같은 문제를 제기한다. "만약 자네가 자네의 동의와 합의에 이름의 올바름을 정하는 권한을 허용해 주지 않는다면, 자네는 수들 하나하나에 적용할 그 하나하나와 닮은 이름들을 어디서 얻을 거라고 생각하는가?"(435b-c). 이는 동의나 합의 없이는 수들 하나하나에 그것들과 닮은 이름을 붙일 수 없다는 것을, 달리 말해서 수들 하나하나에 그것들과 닮은 이름을 붙이기 위해서는—이것은 자연주의의 목표이다—동의나 합의가 필요하다는 것을 뜻하는 것이다. 이는 자연주의를 규약주의로 대체하려는 것과는 다른 것이다. 그는 일체의 관습적 요소를 배제하는 극단적인 자연주의의 한계를 극복하고 온건한 자연주의의 길을 선택하고자 했던 것으로 보인다. 물론 이러한 해석은 여러 가능한 해석들 중 하나임을 밝혀 두어야 하겠다.

3) 소크라테스의 어원 설명은 진지하게 이루어진 것인가 아닌가?

소크라테스는 자연주의적 관점에서 백여 개의 이름에 대한 어원 설명을 하며, 그것은 대화편 전체의 5분의 3을 차지할 만큼 길게 전개된다. 그런데 그 설명이 얼마나 진지하게 시도된 것인지에 대해서는 논란이 있다. 이 문제는 앞에서 다룬 문제와도 긴밀한 관계가 있다. 만일 소크라테스가 자연주의 입장을 포기한 것이라면, 이름들에 대한 그의 자연주의적인 어원 설명은 진지하게 의도된 것으로 볼 수 없기 때문이다.

그간, 1세기가 넘는 기간 동안 다수의 학자들이 소크라테스의 어원 설명이 진지하지 못하며 농담과 같은 것이라고 해석하곤 했다. 곧 그 설명은 당시에 어원 설명을 하던 누군가를 혹은 무언가를 조롱하기 위해 플라톤이 기획한 설명이라는 것이다. 물론 이런 해석에 대해서는 강력한 반발도 있다. 우선, 영감을 받은 에우튀프론에게서 얻는 지혜(sophia)로 소크라테스가 어원을 설명한다는 설정을 어떻게 이해해야 하는가에 대해 학자들 사이에 의견이 갈린다[25]. 또한 소크라테스가 어원 설명을 하면서 농

---

25 소크라테스는 "오늘은 우리가 이 지혜를 이용해서 이름들에 관한 나머지

담을 하기도 하는데, 이 농담이 어원 설명의 의미를 감소시키는 것인가 아닌가 하는 문제에 대해서도 이견이 있다. 그리고 소크라테스의 어원 설명은 대체로 제대로 된 것인가, 아니면 잘못된 것인가 하는 문제 등에 대해서도 의견이 갈린다.

소크라테스의 어원 설명의 진지성을 믿는 새들리는 의미 있는 지적을 한다.[26] 그는 플라톤의 제자인 아리스토텔레스를 비롯해서 고대에 플라톤의 독자들 가운데 아무도 『크라튈로스』의 어원 분석이 진지하지 못하다고 생각한 것으로 보이지 않는다고 말한다. 그리고 플라톤이 어원 설명의 관행을 조롱하고 있다고 보는 해석은 역사적 언어학에 대한 시대착오적이라 할 만한 통찰을 플라톤에게 귀속시키는 것일 수 있음을 지적한다. 고대 그리스인들은 자신들의 언어의 역사적인 기원들에 대해 거의 알지 못하는 처지에 있었기 때문이다.

그러나 어원 설명의 진지성을 신뢰할 수 있다 하더라도, 플라톤은 사물들에 대해 배울 수 있는 가장 올바른 방법을 이름들이 아닌 사물들 자체를 통해 배우는 것으로 보고 있으므로(438e),

---

것들을 살펴보겠지만, 내일은 자네들이 괜찮다면 이 지혜를 내쫓아 버리고 우리 자신을 정화할 참이네"(396e)라고 말하기도 한다. 이러한 말은 소크라테스가 그 지혜를 이용한 어원 설명을 신뢰하지 않는다는 것을 보여주는 것이라고 보는 학자도 있고, 꼭 그런 것은 아니라고 보는 학자도 있다.

26   D. Sedley(2006) 머리말 부분 및 같은 이(2003), pp.39-41 참조.

어원 설명에 지나치게 큰 철학적인 의미를 부여해서도 안 될 것이다.

4) 크라튈로스는 누구인가?
: 플라톤의 크라튈로스와 아리스토텔레스의 크라튈로스

아리스토텔레스에 의하면 "플라톤은 젊을 때 먼저 크라튈로스와 친숙한 사이였고, 감각의 대상이 되는 모든 것은 늘 흐르고 그것들에 대해서는 지식이 없다는 헤라클레이토스의 학설에도 친숙했으며, 이 견해를 그 후로도 간직했다"고 한다.[27] 이 말은 플라톤이 소크라테스의 제자가 되기 전 크라튈로스의 제자였고, 이 사람에게 헤라클레이토스의 학설을 배웠음을 뜻하는 것으로 해석되곤 한다. 실제로 플라톤이 그의 제자였는지에 관해서는 이견이 있지만, 적어도 감각의 대상에 관해서는 그의 영향을 받았을 가능성이 높아 보인다.

그러나 아리스토텔레스가 묘사하는 크라튈로스가 이 대화편의 크라튈로스와 같은 인물로 볼 수 있는가는 큰 논란거리가 되어 왔다. 아리스토텔레스의 크라튈로스는 "결국 어떤 말도 해서는 안 된다고 생각하기에 이르렀고, 단지 손가락을 움직였을 뿐

27 『형이상학』 I 6, 987a32—b1

이다. 그리고 그는 헤라클레이토스가 같은 강물에 두 번 발을 들여놓을 수 없다고 말했다고 해서 그를 비판하기까지 한다. 그는 단 한 번도 발을 들여놓을 수 없다고 생각했기 때문이다."[28] 이처럼 극단적인 헤라클레이토스주의자는 우리가 이 대화편에서 접하는 크라튈로스와는 분명히 달라 보인다. 이 대화편의 크라튈로스는 아리스토텔레스의 크라튈로스처럼 극단적인 헤라클레이토스주의자가 아니며, 이름의 올바름이 있다고 확신할 만큼 언어 사용에 부정적이지도 않기 때문이다. 그래서 상당수의 학자는 크라튈로스에 대한 아리스토텔레스의 증언들을 받아들이기를 꺼린다.

다른 한편 크라튈로스의 사상 발전 단계를 구분함으로써 아리스토텔레스의 크라튈로스를 이 대화편의 크라튈로스와 연관시키려는 학자들도 있다[29]. 이들은 이를테면 젊은 크라튈로스와 나이 든 크라튈로스, 그 중간 시기의 크라튈로스를 구분해 보려 한다. 먼저 이 대화편을 보면 크라튈로스는 '아직 젊고(neos) 한창때의 나이'(440d)로 나온다. 이 젊은 크라튈로스는 이름의 옳음이 객관적이고 보편적으로 있다고 확신하며, 또한 소크라테스가 흐름의 관점에서 어원 설명을 하는 것을 접하며 헤라클레이토스

---

28 『형이상학』 IV 5, 1010a7-15.
29 D. J. Allan(1954), pp. 279-80; T. M. S. Baxter(1992), pp. 27-8; D. Sedley(2003), pp. 18-21.

주의에 빠져 드는 초기 단계에 있는 것으로 보인다. 그런가 하면 언어를 부정하고 손가락만을 움직이는 것으로 아리스토텔레스가 묘사한 크라튈로스는 나이 든 크라튈로스로 봄 직하다.[30] 그러니까 아리스토텔레스와 플라톤은 다른 시기의 크라튈로스를 묘사하고 있다고 할 수 있다. 또한 아리스토텔레스는 그의 『수사학』(Ⅲ 16, 1417b1-3)에서 아이스키네(Aischinē)의 말을 인용하여 크라튈로스가 말을 하면서 쉿 소리를 내고 손가락을 흔들었다는 이야기를 전해준다. 이 크라튈로스는 젊은 크라튈로스와 나이 든 크라튈로스의 중간 단계에 있는 것으로 보인다. 곧 그는 아직 언어를 부정하는 단계까지는 가지 않았지만, 이미 언어의 한계를 인식하며 손가락이나 소리를 통해 변화하는 대상을 표현하고 자 하는 것으로 보인다. 이처럼 크라튈로스의 사상 발전 단계를 구분해 보는 것은 이른바 '크라튈로스의 문제'를 해결할 수 있는 좋은 방법이 될 것이다.

---

30   이 대화편 말미(439d 이후)에서 소크라테스가 형상설과 대비시키며 헤라클레이토스를 비판할 때 그는 언어를 부정하는 극단적 형태의 헤라클레이토스를 예견하는 듯이 보인다.

4. 대화편의 저술 시기

플라톤의 저작들이라고 전해지는 대화편들은 총 43권이고, 이
가운데 대략 28편 정도가 그의 진짜 저작으로 추정된다. 그리고
그것들은 저술 시기에 따라 초기 대화편이나 중기 대화편 혹은
후기 대화편으로 분류된다. 플라톤은 초기 대화편에서 소크라
테스의 행적을 돌이켜 보며 여러 윤리적인 덕의 개념에 대해 고
찰하고, 중기 대화편에서는 인식의 대상이 되는 형상과 인식 주
관인 혼의 능력에 관한 논의 및 상기설 등을 펼치고, 후기 대화
편에서는 모음과 나눔의 방법에 의해 형상을 단일성과 복합성의
측면에서 분석하고, 또한 자연이나 우주에 관한 고찰과 더불어
인간의 훌륭한 삶이나 법 제정의 문제 등을 다룬다.

이러한 흐름에서 『크라튈로스』는 중기에 속한다고 보는 것이
일반적이다. 이 대화편에는 중기 대화편에 특징적인 형상설이
나오기 때문이다.[31] 그러나 『크라튈로스』는 다른 중기 대화편들
인 『파이돈』, 『향연』, 『국가』 등에 비해 설익은 형상설을 보여주고
있다고 해서 『파이돈』 이전 저술로 분류되기도 한다. 곧 중기에
서도 초반 저술로 보는 것이다.

플라톤의 대화편을 문체상으로 보면 후기 대화편들인 『소피스

---

31   389a-390b, 439c-440b.

트』, 『정치가』, 『티마이오스』, 『크리티아스』, 『필레보스』, 『법률』 등은 특히 모음충돌(hiatus) 회피와 같은 뚜렷한 공통된 특성을 갖고 있다. 그리고 중기 대화편 가운데 『국가』, 『파이드로스』, 『파르메니데스』, 『테아이테토스』 등은 후기 대화편들에 가까운 문체를 보여준다. 그러나 그 밖의 대화편들의 경우는 문체상으로 순서를 정하기 힘들다.[32] 문체로 볼 때 『크라튈로스』는 초기 대화편과도 구분되지 않으며, 그래서 『국가』 이전의 대화편으로 분류될 수 있을 뿐이다.

결국 문체와 내용을 함께 고려한다면 『크라튈로스』는 중기 대화편들 가운데서 초반 저술로 생각할 수 있다. 왜냐하면 그것은 중기 대화편의 전형적인 형상이론을 포함하고 있지만, 중기 후반 저술들의 문체를 결하고 있기 때문이다.

그러나 『크라튈로스』에는 『테아이테토스』에서 논의되는 프로타고라스의 인간척도론과 헤라클레이토스의 유전설 및 요소(stoicheion)설이 포함되어 있어서, 『크라튈로스』를 『국가』 이후의 대화편으로 보려는 학자도 있다. 또한 이 대화편은 후기 대화편인 『소피스트』에서 논의되는 거짓의 문제를 다루는가 하면, 땅(gē)을 움직이는 것으로 상정하고(397d), 아이테르를 물·불·흙·공기와 별개의 요소로 상정하기도 한다(408d-e, 410b). 땅과

---

32 Sedley(2003), 7쪽 참고.

아이테르에 대한 이런 견해는 플라톤의 노년기의 생각을 반영한 것으로 봄 직한 것이다.[33] 따라서 『크라튈로스』는 후기 대화편으로 보는 것이 적합할 것도 같다.

이처럼 『크라튈로스』가 중기 대화편의 측면뿐 아니라 후기 대화편의 측면도 갖고 있다면, 이 대화편은 도대체 어느 시기의 작품으로 보아야 할까? 이와 관련해서 세들리는 상당히 설득력 있는 가정을 내놓는다. 그는 플라톤이 후기에 이 대화편의 초판을 수정했을 것으로 추정한다.[34] OCT 신판도 이런 추정에 입각해서 437d9 와 438b8 사이에 초판본(VERSIO A)과 수정본(VERSIO B)을 구분해서 병렬해 놓고 있다. VERSIO B는 436b-c에서 말한 것을 상기시키면서 새로운 논의로 접어드는 내용을 담고 있으며 앞의 논의와 잘 들어맞는 데 비해, VERSIO A는 그렇지 않다. 앞서 이 대화편의 줄거리를 소개하면서 말한 385b2-d1 부분도 초판에는 있다가 수정판에서는 삭제된 것이라 봄 직하다. 그 부분에서 진술의 참에서 이름의 참을 추론하는 방식은 이 대화편의 다른 부분에서 더 이상 찾아볼 수 없고, 거짓된 진술에 대해 논하는 『소피스트』의 논지에도 부합하지 않기 때문이다.

플라톤이 『크라튈로스』의 초판을 나중에 수정했으리라는 추정

---

33 Sedley(2003), 14-16쪽 참고.
34 같은 책, 7-10쪽 참고.

은 상당히 설득력이 있어 보인다. 따라서 이 텍스트를 특정한 시기의 저술로 보는 것은 적절하지 않을 것이다. 우리는 이 대화편을 통해서는 저술 시기에 매이지 않고 자유롭게 그의 철학적 논의들을 음미해도 좋을 것이다.

참고문헌

원전

Burnet, J. (ed.), 1985, *Plato. Platonis Opera, Tomus I: Euthyphro, Apologia, Crito, Phaedo, Cratylus, Theaetetus, Sophista, Politicus,* Oxford: Oxford University Press (17th edition).

Duke, E. A., W. F. Hicken, W. S. M. Nicoll, D. B. Robinson, J. C. G. Strachan (eds.), 1995, *Platonis Opera, Tomus I,* Oxford: Oxford University Press. 〈번역의 기준 판본으로 삼았음〉

번역서

Dalimier, C., 1998, *Platon: Cratyle,* Paris: Flammarion.

Fowler, H. N., 1926, *Plato: Cratylus, Parmenides, Greater Hippias, Lesser Hippias,* Cambridge, Mass.: Harvard University Press.

Méridier, L., 1931, *Platon: Cratyle,* Paris: Les belles letters.

Reeve, C. D. C., 1997, *Plato, Cratylus,* in J. M. Cooper (ed.), *Plato, Complete Works,* Indianapolis and Cambridge: Hackett.

Sachs, J., 2011, *Socrates and the Sophists: Plato's Protagoras,*

Euthydemus, Hippias Major, and Cratylus, Newburyport, Mass.: Focus Publishing.

일반 저서와 논문

양문흠, 1988, 「『크라틸로스』편에서 논의된 실재와 이름의 문제(I)」, 《서양고 전학연구》2집.

＿＿＿, 1992, 「『크라틸로스』편에서 논의된 실재와 이름의 문제(II)」, 《서양고 전학연구》6집.

Ackrill, J. L., 1997, "Language and reality in Plato's *Cratylus*", *Essays on Plato and Aristotle,* Oxford: Oxford University Press, 33–52.

Allan, D. J., 1954, "The problem of *Cratylus*", *American Jounal of Philology,* 75: 271–87.

Annas, J., 1982, "Knowledge and language: the *Theaetetus* and *Cratylus*", in M. Schofield and M. Nussbaum (1982), 95–114.

Barney, R., 2001, *Names and Nature in Plato's Cratylus,* New York and London: Routledge.

Baxter, T. M. S., 1992, *The Cratylus: Plato's Critique of Naming,* Leiden: Brill.

Benardete, S. 1980. "Physics and Tragedy. On Plato's Cratylus", *Ancient Philosophy,* 1: 127–140

Brumbaugh, R. S. 1958. "The Order of Etymologies in Plato's Cratylus", *Review of Metaphysics,* 9: 502–510.

Calvert, B., 1970, "Forms and flux in Plato's *Cratylus*", *Phronesis,* 15: 26–47.

Demand, N. 1975. "The Nomothetes of the Cratylus", *Phronesis,* 20: 106–109.

Derbolav, J., 1972, *Platons Sprachphilosophie im Kratylos und in den späteren Schiften,* Saarbrücken: West-Ost Verlag.

Ewegen, S. M., 2014, *Plato's Cratylus: The Comedy of Language,* Bloomington and Indianapolis: Indiana University Press.

Fine, G., 1977, "Plato on naming", *Philosophical Quarterly,* 27: 290-301.

Gaiser, K., 1974, *Name und Sache in Platons Kratylos,* Heidelberg: Karl Winter Universitätsverlag.

Grote, G., 1865, *Plato and the Other Companions of Sokrates,* 3 Vols, London: John Murray.

Joseph, J. E., 2000, *Limiting the Arbitrary: Linguistic naturalism and its opposites in Plato's Cratylus and modern theories of language,* Amsterdam and Philadelphia: John Benjamins.

Jowett, B., 200, *Plato's Cratylus,* Rockville, Md.: Serenity Publishing.

Kahn, C. H., 1973, "Language and ontology in the *Cratylus*", in E. N. Lee, A. P. D. Mourelatos, R. M. Rorty (ed.), *Exegesis and Argument,* New York: Humanities Press, 152-76.

Keller, S., 2000, "An Interpretation of Plato's *Cratylus*", *Phronesis,* XLV/4.

Ketchum, R. J., 1979, "Names, Forms and conventionalism: *Cratylus* 383-395", *Phronesis,* 24: 133-47.

Kretzmann, N., 1971, "Plato on the correctness of names", *American Philosophical Quarterly,* 8: 126-38.

Levin, S. B., 2001, *The Ancient Quarrel between Philosophy and Poetry Revisited. Plato and the Literary Tradition.* Oxford: Oxford University Press.

Levinson, R. B., 1958, "Language and the Cratylus: Four Questions", *Review of Metaphysics,* 11: 28-41.

Mackenzie, M. M., 1986, "Putting the *Cratylus* in its place", *Classical*

Quarterly, 36: 124–50.

Mualem, S., 2007, "Language as Picture in Plato's *Cratylus* and Wittgenstein's *Tractatus*", *Tópicos, 33*: 9–35.

Palmer, M. D., 1989, *Names, Reference and Correctness in Plato's Cratylus*, New York and Berlin: Peter Lang.

Proclus, 2007, *On Plato's Cratylus*, Trans. B. Duvick, New York: Cornell University Press.

Riley, M. W., 2005, *Plato's Cratylus: Argument, Form, and Structure*, Amsterdam and New York: Rodopi B.V.

Robinson, R., 1969, "The theory of names in Plato's *Cratylus*" and "A criticism of Plato's *Cratylus*", in *Essays in Greek Philosophy*, Oxford: Clarendon Press, 100–38.

Schofield, M., 1972, "A displacement in the text of the *Cratylus*", *Clssical Quarterly* 22: 246–53.

Schofield, M., 1982, "The dénouement of the *Cratylus*", in Schofield and Nussbaum (1982): 61–81.

Schofield, M., and M. Nussbaum (ed.), 1982, *Language and Logos*. Cambridge: Cambridge University Press.

Sedley, D., 2003, *Plato's Cratylus,* Cambridge: Cambridge University Press.

⸺, 2006, *Plato's Cratylus.* http://plato.stanford.edu/entries/plato-cratylus/

Silverman, A., 2001, "The end of the *Cratylus*: limning the world", *Ancient Philosophy*, 21: 1–18.

Thomas, C., 2008, "Inquiry Without Names in Plato's Cratylus", *Journal of the History of Philosophy*, 46: 341–367.

van den Berg, R. M, 2008, *Proclus' Commentary on the Cratylus in Context: Ancient Theories of Language and Naming*, Leiden,

Netherlands: Brill.

Weingartner, R. 1970. "Making Sense of the Cratylus", *Phronesis*, 15: 5-75.

Williams, B., 1982, "*Cratylus*' theory of names and its refutation", in Schofield and Nussbaum (1982): 83-93.

Wood, A., 2007, "Names and 'Cutting Being at the Joints' in the Cratylus", *Dionysius*, 25: 21-32.

찾아보기

(+) 표시는 본문 내에서 뜻이나 어원이 다루어진 용어들을 가리킨다.

일반용어

우리말−그리스어

가르다 diakrinein 388b
　가르는 diakritikos 388c
가르치다 didaskein 388b, 391c,
　　427e, 435d, 440e
　가르치기 didaskalia 428e, 435e
　가르치는 388b, d, e
　가르치는 데 능숙한 didaskalikon
　　388c
각각(의 것) hekaston 383a, 384d,
　　387a, b, 389d, 394a, 410d,
　　416c, 420c, 422c, 423d, e,
　　424d, 427c, 431e, 440b
감독하다 epistatein 390b−d
감독관 epistatēs 390d, 414e
감옥 sēma 400c
강 potamos 391e, 392a, 402a
강변하다 anankazein 432d, e
강연 epideixis 384b
강제 anankē 403c, d, 420d
　강제적인 것 anankaion 420d

강풍의 흐름 aētorrous 410b
개괄적인 특징 typos 432e
개(犬) kyōn 410a+, 411b
거꾸로 흐름 anreia 413e
거울 katoptron 414c+
거짓말하다 pseudesthai 429c,
　　431b
　거짓된 (것) pseudēs 385b, c,
　　408c, 421a, b+, 429d, e,
　　430a, d
거품 aphros 406d
겁(怯) deilia 415b+
격정 thymos 419e+
견디다 karterein 395a
경탄할 만한 agathon 395b, 412c+,
　　416e, 422a
곁에 있는 것 paron 420a
계절 hōrai 408e, 410c+
고매한 사색가 meteōrologia 410b
고안 mēchanē 415a+
고통 lypē 419b, c+
공기 aēr 404c, 408d, 410b+
관습 ethos 384d

관통(통과)하다 diexienai 417b
　　-diienai 412e, 413b, 419a
　　-dia(+gen)~ienai 412d, 426e
광기(狂氣) mania 404a
광선 selas 409b
괴로움 algēdōn 419c+
　괴로운 algeinos 419c+
괴물 teras 393b, 394a, d
구(句) logos 432e
　　-rhēma 399a, b
구별하다 dielesthai 424b-d, 425a,
　　　c
　　-diorizein 391d
　　-horizein 410c
　구별 diairesis 424b
궁술 toxikē 405a, c
규칙 nomos 384d, 388d
그림 gramma 431c
　　-graphēma 430d, e, 431c
　　-graphoumena 424b
　　-zōa 429a, 430d
　　-zōgraphēma 430b
기쁨 chara 419c+
기술 technē 388c-e, 414b+, 415a,
　　　423d, 425a, 428e, 429a,
　　　431e, 435e, 437e
　기술의, 기술적 technikos 400b
　기술적으로 technikōs 425a, c
기억 mnēmē 437b+

기원(起源) genesis 402b
기하학적 증명 diagramma 436d
길이 mēkos 427c+
꾀하다 mēchanēsthai 408a+
끈적거리는 gloiōdes 427b+
　끈적끈적한 kollōdes 427b+
끓는 zeon 427a+

나라 polis 385a, e, 390a, 392c, e,
　　　437e
나쁜 (것) ponēros 386b, 431c
　　-kakos 404a, 405b, 415c,
　　　416a+, 437c
나아가다 chōrein 402a, 412d
　　-poreuesthai 415c
나타내다, 보여 주다 mēnyein
　　　404d, 408c, 418b, 437b
난관(難關) aporia 415c
날실 stēmōn 388b
날(日) hēmera 418c+, d
남자 anēr 392d, 406b, 414a+,
　　　430c-e, 431a
　남자다움, 남성 arren 407d,
　　　414a+
년(年) etos 410d+
노래 nomos 417e
　　-ōdē 405d
논의하다 dialegesthai 407d, 425c
　논의 logos 383a, 421a, 430d,

434b

논리(이치) logos 393c, 431d

다듬다 tragōdein 414c, 418d
단단함 sklērotēs 434c+—e
　단단한 sklēros 434e
달리다 trechein 426e+
달콤한 glyky 427b+
달 selēnē 397d, 408d, 409a+
　—meis 409a+, c
닮게 만들다 aphomoioun 427b
대장장이 chaleus 389e
　—trypētēs 388d, 389c
덕 aretē 386d, 395a, b, 404a,
　406b, 411a, 415a—d+
도구 organon 388a, b, 389c, e,
　390a, 426c, d
돈 chrēmata 391b, c
돌아다니게 하다 polein 408c
동경(憧憬) pothos 420a+
동사(動詞) rhēma 431b
동의 homologia 384d, 435c
두 가지 본성 diphyēs 408b, d
둥근 goggylon(gongylon) 427c+
되돌리다 anapherein 422b, 424d
드라크메짜리 drachmaios 384b
드러내다 dēloun 409b, 417b,
　418c, 429c, 438d
　— endeiknynai 394e, 428e

득이 되는 kerdaleon 417a+, 419a
따르는 자 akolouthos 405c+
땅 gē 397d, 403a, 406e, 408d,
　409a, b, 410b+, 423a
때리다 krouein 426e+
떨림 tromos 426e+
뜻하다 boulesthai 395b, 401c,
　414c, d, 415a, 418b, d,
　422d, 426c, d, 436b
　—dianoeisthai 434e, 435a, b
　—noein 397e, 401d, 407e, 416a,
　b, 417b
　—(뜻을 표현하다, 뜻을 갖다)
　sēmainein 393a, d, 394c, e,
　395b, c, 396b, 399c, 405c,
　410b, 411d, 412b, 413e,
　414c, 415a, 417a, e, 418b, e,
　419a, 420a, c, 421c, 437a, b,
　d
뜻을 담고 있다 ensēmainesthai
　395b
뜻 boulēsis 421b
　—dianoia 418a, c
　—dynamis 394b, 405e
　—sēmainon 419a

뤼라 연주자 kitharistēs 390b
뤼라 제작자 lyropoios 390b
말(馬) hippos 385a, 407d, 423a

말, 언어 logos 385b, c, 407e, 432e

망아지 pōlos 393c

매끄러운 leion 427b+, 434c

멈추다 pausasthai 417c

　멈추게 함(저지) schēsis 424a

멍에 zygon 418d+, e

모방하다 apomimeisthai 427b, c, 431d

　-mimeisthai 423a-e, 424b, 425d, 426d, 427a, 434b

　모방(물) mimēma 423b, 430b, d, e, 431a, 434b, 437a

　-mimēsis 423c, d, 427c

모사물 apeikasma 420c

모음(母音) phōnēs 393e, 424c

목공 tektōn 388c, 389a-c, 390b, d

　목공술의, 목공의 tektonikos 416d

목소리 phōnē 422e, 423b, d

목재 xylon 389c, 390b

몸 sōma 405b, 419c, 422e, 423a, b

묘사하다 apeikazein 414a, 419c

　-eikazein 432b

무계획 aboulia 420c+

무덤 sēma 400c

무분별 aphronēsis 386c

　무분별한 aphronimos 392c

묶다 dein 417e+

　묶음 doun 421c

　묶는 것 deon 418a+, e, 419a

문구 logos 396a, 410d, 421a

　문장 logos 422a, 435a

문법술 grammatikē technē 432a

문외한(門外漢) ho idiōtikōs echōn 394a

물 hydōr 408e, 410a+

미끄러지다 olisthanein 427b+

바람 pneuma 410b, c

　바람의 흐름 pneumatorrous 410b

반박하다 enantieisthai 391a

　반론 apologēma 436d

반신(半神) hemitheos 398c

반질반질한 liparon 427b+

반짝임 astrapē 409c

발음의 편의 eustomia 404d, 412e, 414c

배우다 mathanein 384e, 413c, 427e, 428b, 436a, 438a, b, e, 439a, b

　배우는 일(배움, 공부) mathēma 384b, 392a

배우자 akoitis 405c+

배정하다 apodidonai 430c, 431c, d, 432c

-dianemein   430b, e, 431b, 432a

배정 dianomē   430c, d, 431b

백성 laos   428c

변증술에 능한 자 dialektikos   390c, d, 398d

별 astēr   397d, 408d, 409c+

본성 physis   387a, d, 389c, 393c, e, 394d, 395a, b, d, 396a, 397d, 400a, 402e, 423a, 429c

본질 ousia   385e, 386a, e, 388b, 393d, 401c+, d, 421b+, 423e, 424b, 431d, 436e

부분 morion   385c, 387c, 396a

부수다 thryptein   426e+

부여하다 apodidonai   389c, 390a, 394d, e

부여 dosis   430d

부스러뜨리다 kermatizein   426e+

북 kerkis   388a, c, 389a–d, 390b

분별, 분별력 phronēsis   386c, 398c, 411a, d+, e, 416d, 432c

분별 있는 (자) phronimos   386b–d, 392c, 398b

불운(不運) symphora   437b+

불 pyr   409a+, 410a, 413c

불의(不義) adikia   413d+

붙잡아 매다 haptein   417e+

비극 시인 tragōdopoios   425d

비극적인 tragikos   408c

비유하다 eikazein   420e, 421b, 431c

비통 odynē   419c+

빙빙 돌리다 rhybein   426e+

빛 phōs   409a

빼어난 (것)   391d, 398a

사람 anthropos   386a, b, 391d, 397b, 398e, 399c+, d, 401a, 408b, 409a, 411b, 413c, 418d, 425c, 429a, 440d

-anēr   391e, 392a, 393c, 394d, 395b, c

사랑 erōs   398c, d, 420a+, b

사랑스러운 eratos   404b

사물 chrēma   386a, 440a

-pragma   386e, 387c, d, 388b, 390e, 391b, 393d, 401c, 404d, 411b, c, 412a, b, 413c, 414d, 415b, 416c, 417a, c, 419d, 420a–c, 422e, 423a, d, 424e, 425d, 428e, 430b, 431d, 432b, e, 433a–e, 434a, 435c–e, 436b, 437a, c, e, [판본 A] 438b6, [판본 B] 438b1, 438c, 439a, 440d

사유 dianoia   396b, 407b, 416b–d

사자 leōn 393b

산산조각 내다 thrauein 426e+

상(像) eikōn 424e, 430c, e, 431c,
d, 432b-d, 433c, 439a, b

상상 phantasma 386e

새끼 ekgonos 393b

생성 genēsis 411c

새 ornis 392a

생각(의견) oiēsis 420c+

선법(旋法) harmonia 405d

성가심(짐스러움) achthēdōn 419c+

성격 ēthos 407b

성질 poios 432b
다른 성질의 것 alloion 440a

세련되게 다듬어지다 kompseuesthai
400b

소년 koros 396b

소유자 hektōr 393a

소피스트 sophistēs 391b, 397a,
398e, 403e

소 bous 393c

속담 paroimia 384a
-to legomenon 425c

속에 entos 427c+

속이다 exapatan 397b, 436c

손님 xenos 429e

손해가 되는 zēmiōdes 417d, 418a,
b+, 419b

송곳 trypanon 388a, b, d, 389c

송아지 moschos 393c, 394d

수(數) arithmos 432a, 435b, c

수사술 rhētorikē 425a

순수한 katharos 396b

숨 쉬다 anapnein 399e
숨 pnoē 419d

쉽게 통과하는(형통) euporon
419a+

슬그머니 나아감 herpsis 419d

슬픔 ania 419c+

시가(詩歌) mousikē 405a, c, d,
406a, 423c, d

시가의, 시가에 능한 mousikos
405a, 424a

시인 poiētēs 391d, 392b, 394e,
398b, 407b, 410b, 412b,
428d

시작 archē 436d

신(남신, 여신) theos 391d, e, 392a,
396a, c, 397c, d+, 398d,
400d, e, 401c, 402b, e,
403a, b, e, 404b-e, 405a-
e, 406a-c, 407b-d, 408a-d,
416c, 425c, d, 432b, 437c,
438c

신령 daimōn 397d+, e, 398a-c,
438c

신뢰 piston 437b+

신앙심 깊은 eusebēs 394e

신적인, 신성한 theios 397c, 407b,
　　408c, 421b
신탁 manteia 384a
신화 mythos 408c
씨실 krokē 388b
씻어 내는 자 Apoulouōn 405c+

아름다운(훌륭한) kalon 384a, 392d,
　　394a, 398a, 403e, 404b,
　　411a, b, 413b, 416a+, b, d,
　　e, 421a, 426d, 428b, 429b,
　　431d, 437c, 439a, c, d, 440b
아이 pais 392b, d
악, 악덕 kakia 386d, 415a-c+
악센트 oxytēs 399a, b
안에 endon 427c+
알아내다 heuriskein 436a
알려 주다 mēnyein 411e
앞으로 나아가다 proienai 412b
약(藥) pharmakon 394a, b, 405b
어구 rhēma 421e
어린아이 paidion 392c
어린이 neos 414a
어머니 gennēteira 410c+
　-metēr 402b, c, 404b
어법 phōnē 418b, c, 421d
어울림 symphōnia 405d
언어 logos 408a-d
　-phōnē 383a, 409e

아이테르 aither 410b
　-aithēr 408e
여성 thēly 414a+, 431a
여인 gynē 392d, 414a+, 418c
　여자 gynē 392c, 406b, 430c, e,
　　431a
연설가 rhetōr 398d, e
열망 himeros 419e+, 420a
열 thermon 413c
염소 같은 (것) tragikon 408c
염소 모양 tragoeidēs 408d
영감을 받은 epipnous 428c
　영감을 받은 사람들 hoi enthou-
　　siōntes 396d
영웅 hērōs 397b, d, 398c+-e
예언술 mantikē 405a, c
예언하다 chrēsmōdein 396d, 428c
오류 hamartia 437b+
올바름 orthotēs 383a, 393b, 384a-
　　b, 384d, 385d, 390e, 391a-
　　d, 392b, 393b, 394e, 397a,
　　400d-e, 404c, 411a, 421c,
　　422b-d, 426a, 427d, 428b,
　　e, 432b-c, 433b, e, 435a-c,
　　437d
완고한 sklēros 407d
왕 basileus 393d, 394a
외국인 xenos 406a
　외국식으로 xenikōs 407b

외국의 xenikos 401c, 417c, 419c, 426c, 429e

요소(자모) stoicheia 393d, 422a, b, 424d, e, 426d, 433a, e, 434a, b, d

욕망, 욕구 epithymia 403c, d, 404a, 419b, d+

용감함, 용기 andreia 407d, 413d, e+, 414a, 415c

우연 automaton 402b

운동(나아감) poreia 412d
  -kinēsis 426c+, d, 432c, 434c

움직이다, 움직임(나아감) ienai 401d, 415b, c, 419c, 420e, 424a
  -pheresthai 404d, 411c, d, 412c, 417c, 436e, 437c
  -polein 405d

함께 움직이게 하다 homopelein 405d

움직이는 것, 움직임(나아감) ion 397d, 415b, 419b, d, 420d, 421c, 437c

움직임 oisis 420c
  -phora 404d, 411c, d, 412b, 417a, c, 418e, 419c, 421b, 426d, 434c, d, 437a, b, 438c, 440c
  -pōlesis 405c

원인이 되는 (것) aitios 396a, 399d, 401d, 413a, 416c

유려하게 흐르는 kallirroos 402b

유용한 ōphelimon 417a+, 419a

유익한 sympheron 416e+, 419a

유쾌 euphrosynē 419d+

육신(肉身) sōma 403b

윤곽 typos 397a

윤색하다 kallōpozein 408b, 409c, 417e

윤색 kallōpismos 414c, 426d

음절 syllabē 389d, 390a, e, 393d, 394a, 394c, 399b, 423e, 424b, c, e, 425a, d, 427c, 431d, 433b

의견 doxa 387a, b, 420b+, c

의도 boulē 420c+

의사 iatros 394a-c

의술 iatrikē 405a

이로운 lysiteloun 417a, b, c+, 419a

이름 onoma 383a, b, 384a-d, 385a, c-e, 389d, e, 390d, e, 391a-d, 392b-d, 393a-b, 393d-6c, 396e-7e, 398c, d, 399a-d, 400b-1e, 402b-d, 403a, b, e, 404b-5a, 405e-6b, 406d, 407b, e, 408b, e, 409a, c, e, 410a, d, 411a-

c, e, 412b, c, e, 413d, e,
414b-d, 415a-c, 417b, c,
e, 418a-c, e, 419a-e, 420b,
d, 421a+-d, 422a-e, 423c,
424a, b, d, 425a, b, d, e,
426a-d, 427a-e, 428b,
e, 429b, c, 430a, b, d, e,
431a-e, 432a, d, e, 433b-
e, 434a, b, 435a-e, 436a-c,
e, 437a-d, e, 438a, 438b-e,
439a, b, 440c
-epōnymia 398c, 415b-d, 416a
이름을 만드는 자 onomatourgos
388e
이름을 짓는 사람 ho ta onomata
poiōn 407b
-ho onomastikos 424a
이름을 붙이는 기술 onomastikē
technē 423d
이름을 붙이는 자 onomatōn
thetēs(tithemenos, themenos)
389d, 411b, e, 416b, 418a,
c, 419a, 426d, 427a, 436b, c,
437e, 438a3, 440c
이민족 사람들 barbaroi 383b,
385e, 390a, c, 397d, 409e,
425e
이민족의 barbarikos 410a, 416a,
421c, d, 426a, 437e

이해하다 synienai 412a
이해 synesis 411a, 412a+, c,
437b
인식 noēsis 411d+
인간 anthropos 385a, 397c, e,
398a, 403b, e, 405d, 416c
인간의(인간적인) anthropinos
392b, 431a
-anthropeios 438c
일 pragma 436d
일리 있는 eulogos 396b
입 stoma 414d
입법가 nomothetēs 388e, 389a,
d, 390a, c, d, 393e, 404b, c,
408a, 427c, 429a, b, 431e,
437e, 438b4
있다 einai 386d, e
있는 것 on 383a, 385a, b, e,
386e, 387a, 397b, 401d,
402a, 411b, 412b, 413e,
416b, c, 417c, 420a, c, 421a,
b+, 422d, 424d, 427c, 429d,
434b, 435e, 436a, 438d, e,
439b, c, 440b, c

자궁 gonē 414a+
자라다 thallein 414a+, b
자모(字母) gramma 393d, e, 394c,
399a, b, 414c, 418a, 423e,

424a, b, 425d, 427a, c,
431d, e, 432e, 433b, c, 435a
자발적인(의도적인) hekousion
420d+
자음(子音) aphōnos 393e, 424c
자손 ekgonos 393c, 396b
작용 ergon 413e
장사꾼 agorastikos 407e
장인(匠人) dēmiourgos 428e, 431e
재물 chrēmata 384c
저급한 phortikos 435c
전령 angelos 407e
전설(傳說) phēmē 395e
  −logos 396c
전체 holos 385c, 392c, 393e,
395c, 400a, 410d, 415b, 425a
  −pas 412c
정결한 akēratos 396b
정신 nous 406c
정의 dikaiosynē 411a, 413d
정의로운 (것) dikaios 412c,
413a+−c, e
정지하다 histanai 412d
  정지 stasis 426d+, 427b
정통한 자 histōr 406b, 407c
정화하다 katharein 396e, 397a
  정화 의식 katharmos 405a
젖꼭지 thēlē 414a+
제작물 ergon 388c, d, 389c, 390b

제작자 dēmiourgos 390e
조선공 naupēgos 390c
조타수(선장) kybernētēs 390c, d
족쇄 desmos 402e, 403c, d, 404a,
415c, 418e
좋은 (것) agathon 439d, 403e,
417b, c, 418e, 419a, 439c,
440b
  −kalon 390d, 400d, 431c, 433c,
435d
  더 좋은 (것) beltion 425d, 426b,
428b, 429b, 435e
  −kallion 427e, 428b, 433d
좋은 발음 416b
주인 anax 393a
즐거움(쾌락) hēdonē 419b+
지나감 dia(+gen) poreia 420e
지성 nous 396b, 400a, 407b,
413b, c, 414c, 416c
지성 noēsis 407b
  지성적 성격 hē en tō ēthei noēsis
407b
지식 epistēmē 411a+, 412a, 417a,
437a+, b
지혜 sophia 396d, 401e, 404d,
410e, 412b+, 428d
지혜로운 sophos 391c, 392d,
398d, 399a, 402a, 404d,
411b, 414e

직조공 hypantēs 390b

진리 alētheia 386c, 391c, 414c,
　421a, b+, 436c, 438d, 439a, b
　—to alēthes 384c, 405c
　진실 alētheia 384b, c, 404d
　—to alēthes 405c

질서 지우다 kosmein 413c
　질서를 갖게 하다 diakosmein
　400a

집안 노예 oiketēs 384d

찐득찐득한 glischron 427b+

찢다 ereikein 426e+

참됨 alētheia 425d
　참된 (것) alēthēs 385b, c, 386c,
　400d, 408c, 430a, d, 437d,
　438b8, d

참말 하다 alētheuein 431b

처녀성 parthenia 406b

척도 metron 386a

천문학 astronomia 405d
　천문학자 meteōrologos 396c,
　404c

철의 종족 sidēreos genos 398a

철학 philosophia 405e

철학자 philosophos 404a

철(鐵) sidēros 389c—e

추운 psychron 427a+

추한 aischron 416a, b+

축약되다 synkroteisthai 409c,
　415d, 416b, 421a

큰 mega 427c+

키(방향타) pēdalion 390d

탐구 historia 437b+
　—zētēsis 406a

태양 hēlios 408d, e, 409a+, b,
　413b

특성 dynamis 393e, 394b

판단 gnōmē 411a, d+

폐쇄음 aphthongos 424c

표시하다 sēmainein 400c, 408c,
　436e, 437a

표지 sēma 400c

표현 dēlōma 423b, e, 433b, d,
　435a, b

표현하다 dēloun 393d, e, 394c,
　395b, 396a, 405a, 411d,
　415b, 418d, 420c, d, 422d,
　e, 423a, b, 433e, 434a, c—e,
　435b, 436e

함께 나아가다 synienai 412b

함께 움직이게 하다 homopelein
　405d, 406a

합의된 표시 synthēma 433e

합의하다 syntithesthai 433e, 435a

합의 synthēkē 384d, 433e, 434e, 435a-c

해로운 blaberon 417d+, e, 418e

해석자 hermēneus 407e

해 eniautos 408e, 410d+

행위 praxis 386e, 387a-d

형상 eidos 389b, 390a, b, e, 440b

-idea 390a, 439e

형통(亨通) euporia 415d+

호명된 것 onomaston 412a+

혼 psychē 396d, 399d+, e, 400a, c, 403b, 404a, 405b, 411e, 412a, b, 415b-d, 417a, 419c-e, 420a-c, 432c, 437a, b, 440c

화가 zōgraphos 424a, d, 429a, 432b

확고한 bebaion 437a+

환희 terpsis 419d+

활동 pragmateia 408a

황금족 chrysoun genos 397e, 398a, b

회전(回轉) poiesis 405c

회화술(繪畵術) graphikē 423d, 425a, 434b

훌륭한 (것) chrēston 386b, d

훌륭한 agathon 394a, 398a-c, 403d, 412c+, 415d, 429a, b,

431e

-spoudaion 437b

흐르다, 흐름 rhein, rhoun 410b, 411c, 415d, 417d, e, 420a, 421c, 426d+, 437b

흐르는 것 rheuma 402b

흐름 rheuma 440d

-rhoē 402a, 413e, 414a, 415d, 416b, 419c, 420a, 440c

-rhoos 411d, 419e

흔들리다 seisthai 427a+

흔들리는 seismos 427a+

흔적 ichnos 393b

흘러내림 katarroos 440d

흥분 ptoiēsis 404a

그리스어-우리말

aboulia 무계획

achthēdōn 성가심(짐스러움)

adikia 불의(不義)

aēr 공기

aētorrous 강풍의 흐름

agathon 경탄할 만한, 좋은 (것), 훌륭한

aischron 추한

aithēr 아이테르

aitios 원인이 되는 (것)

akēratos 순수한

akoitis 배우자

akolouthos 따르는 자

alētheia 진리, 진실, 참됨

alēthēs 진리, 참된 (것)

alētheuein 참말 하다

algēdōn 괴로움

algeinos 괴로운

anankaion 강제적인 것

anankazein 강변하다

anankē 강제

anapherein 되돌리다(환원하다)

anapnein 숨 쉬다

anax 주인

andreia 용감함, 용기

anēr 남자, 사람

angelos 전령

ania 슬픔

anreia 거꾸로 흐름

anthropinos 인간의(인간적인)

anthropos 사람, 인간

apeikasma 모사물

apeikazein 묘사하다

aphomoioun 닮게 만들다

aphōnos 자음

aphronēsis 무분별

aphronimos 무분별한

aphros 거품

aphthongos 폐쇄음

apodidonai 배정하다, 부여하다

apologēma 반론

apomimeisthai 모방하다

aporia 난관(難關)

archē 시작

aretē 덕

arithmos 수(數)

arren 남자다움, 남성

astēr 별

astrapē 반짝임

astronomia 천문학

automaton 우연

barbarikos 이민족의

barbaroi 이민족 사람들

basileus 왕

bebaion 확고한

blaberon 해로운

boulē 의도

boulēsis 뜻

boulesthai 뜻하다

bous 소

chaleus 대장장이

chara 기쁨

chōrein 나아가다

chrema 사물, 재물, 돈

chrēsmōdein 예언하다

chreston 훌륭한 (것)

chrysoun genos 황금족

daiōn 신령

deilia 겁(怯)

dein 묶다

delōma 표현

dēloun 표현하다, 드러내다

demiourgos 장인(匠人), 제작자

deon 묶는 것

desmos 족쇄

diagramma 기하학적 증명

diairesis 구별

diakosmein 질서를 갖게 하다

diakrinein 가르다

diakritikos 가르는

dialegesthai 논의하다

dialektikos 변증술에 능한 자

dianemein 배정하다

dianoeisthai 뜻하다

dianoia 뜻, 사유

dianomē 배정

didaskalia 가르치기

didaskalikon 가르치는, 가르치는 데
    능한

didaskein 가르치다

dielesthai 구별하다

diexienai 관통하다

diienai 관통하다

dikaios 정의로운 (것)

dikaiosynē 정의

diorizein 구별하다

diphyēs 두 가지 본성

dosis 부여

doun 묶음

doxa 의견

drachmaios 드라크메짜리

dynamis 뜻, 특성

eidos 형상

eikazein 묘사하다, 비유하다

eikōn 상(像)

einai 있다

ekgonos 새끼, 자손

enantieisthai 반박하다

endeiknynai 드러내다

endon 안에

eniautos 해

ensēmainesthai 뜻을 담고 있다

entos 속에

epideixis 강연

epipnous 영감을 받은

epistatein 감독하다

epistatēs 감독관

epistēmē 지식

epithymia 욕망

epōnymia 이름

eratos 사랑스러운

ereikein 찢다

ergon 작용, 제작물

erōs 사랑

ethos 관습

ēthos 성격

etos 년(年)

eulogos 일리 있는

euphrosynē 유쾌

euporia 형통(亨通)

euporon 쉽게 통과하는(형통)

eusebēs 신앙심 깊은

eustomia 발음의 편의

exapatan 속이다

gē 땅

genesis 기원(起源), 생성

gennēteira 어머니

glischron 찐득찐득한

gloiōdes 끈적거리는

glyky 달콤한

gnōmē 판단

goggylon(gongylon) 둥근

gonē 자궁

gramma 그림, 자모(字母)

grammatikē 문법

graphēma 그림

graphikē 회화술(繪畵術)

graphoumena 그림

gynē 여인, 여자

hamartia 오류

haptein 붙잡아 매다

harmonia 선법(旋法), 좋은 발음

hēdonē 즐거움(쾌락)

hekaston 각각(의 것)

hekousion 자발적인(의도적인)

hektōr 소유자

hēlios 태양

hēmera 날(日)

hemitheos 반신(半神)

hermēneus 해석자

hērōs 영웅

herpsis 슬그머니 나아감

himeros 열망

hippos 말(馬)

histanai 정지하다

histōr 정통한 자

historia 탐구

holos 전체

homologia 동의

homopelein 함께 움직이게 하다

hōrai 계절

horizein 구별하다

hydōr 물

hypantēs 직조공

iatrikē 의술

iatros 의사

ichnos 흔적

idea 형상

ienai 움직이다, 움직임(나아감)

ion 움직이는 것, 움직임

kakia 악, 악덕

kakos 나쁜

kallirroos 유려하게 흐르는

kallōpismos 윤색

kallōpozein 윤색하다
kalon 아름다운, 훌륭한, 빼어난
katarroos 흘러내림
katharein 정화하다
katharmos 정화 의식
katharos 깨끗한
katoptron 거울
kerdaleon 득이 되는
kerkis 북
kermatizein 부스러뜨리다
kinēsis 운동
kitharistēs 뤼라 연주자
kollōdes 끈적끈적한
kompseuesthai 세련되게 다듬어지다
koros 소년
kosmein 질서 지우다
krokē 씨실
krouein 때리다
kybernētēs 조타수(선장)
kyōn 개(犬)
leion 매끄러운
legomenon 속담
leōn 사자
liparon 반질반질한
logos 논의, 논리(이치), 말, 언어, 문
　구, 구(句), 문장, 언어, 전설
lypē 고통
lyropoios 뤼라 제작자
lysiteloun 이로운

mania 광기(狂氣)
manteia 신탁
mantikē 예언술
mathanein 배우다
mathema 배우는 일(배움, 공부)
mēchanē 고안
mēchanēsthai 꾀하다
mega 큰
meis 달
mēkos 길이
mēnyein 나타내다, 보여 주다, 알려
　주다
meteōrologia 고매한 사색가, 천문
　학자
metēr 어머니
metron 척도
mimeisthai 모방하다
mimēma 모방(물)
mimesis 모방(물)
mnēmē 기억
morion 부분
moschos 송아지
mousikē 시가(詩歌)
mousikos 시가의, 시가에 능한
mythos 신화
naupēgos 조선공
neos 어린이
noein 뜻하다
noēsis 인식, 지성

nomos 규칙, 노래

nomothetēs 입법가

nous 정신, 지성

ōdē 노래

odynē 비통

oiēsis 생각(의견)

oiketēs 집안 노예

oisis 움직임

olisthanein 미끄러지다

on 있는 것

onoma 이름

onomastikē 이름을 붙이는 기술

onomaston 호명된 것

onomatourgos 이름을 만드는 자

ōphelimon 유용한

organon 도구

ornis 새

ortotēs 올바름

ousia 본질

oxytēs 악센트

paidion 어린아이

pais 아이

paroimia 속담

paron 곁에 있는 것

parthenia 처녀성

pas 전체

pausasthai 멈추다

pēdalion 키(방향타)

phantasma 상상

pharmakon 약(藥)

pheresthai 움직이다

phēmē 전설(傳說)

philosophia 철학

philosophos 철학자

phōnē 목소리, 어법, 언어

phōnēs 모음(母音)

phora 움직임

phortikos 저급한

phōs 빛

phronēsis 분별

phronimos 분별 있는 (자)

physis 본성

piston 신뢰

pneuma 바람

pneumatorrous 바람의 흐름

pnoē 숨

poiētēs 시인

polein 돌아다니게 하다, 움직이다

pōlesis 움직임

polis 나라

pōlos 망아지

ponēros 나쁜 (것)

poreia 운동(나아감)

poreuesthai 나아가다

potamos 강

pothos 동경(憧憬)

pragma 사물, 일

pragmateia 활동

praxis 행위

proienai 앞으로 나아가다

pseudēs 거짓된 (것)

pseudesthai 거짓말하다

psychē 혼

psychron 추운

ptoiēsis 흥분

pyr 불

rhein, rhoun 흐르다, 흐름

rhēma 동사(動詞), 어구, 구(句)

rhetōr 연설가

rhētorikē 수사술

rheuma 흐르는 것, 흐름

rheuma 흐름

rhoē 흐름

rhoos 흐름

rhybein 빙빙 돌리다

schēsis 멈추게 함(저지)

seismos 흔들리는

seisthai 흔들리다

selas 광선

selēnē 달

sēma 무덤, 표지

sēmainein 뜻을 표현하다, 뜻하다,
    표시하다

semainon 뜻

sidēreos genos 철의 종족

sidēros 철(鐵)

sklērotēs 단단함

sklēros 단단한, 완고한

sōma 감옥, 몸, 육신, 몸

sophia 지혜

sophistēs 소피스트

sophos 지혜로운

spoudaion 훌륭한

stasis 정지

stēmōn 날실

stoicheia 요소(자모)

stoma 입

syllabē 음절

sympheron 유익한

symphōnia 어울림

symphora 불운(不運)

synesis 이해

synienai 함께 나아가다, 이해하다

synkroteisthai 축약되다

synthēkē 합의

synthēma 합의된 표시

syntithesthai 합의하다

technē 기술

technikos 기술의, 기술적

technikōs 기술적으로

tektōn 목공

tektonikos 목공술의, 목공의

teras 괴물

terpsis 환희

thallein 자라다

theios 신적인, 신성한

thēlē 젖꼭지

thēly 여성

theos 신, 남신, 여신

thermon 열

thrauein 산산조각 내다

thryptein 부수다

thymos 격정

toxikē 궁술

tragikon 염소 같은 (것)

tragikos 비극적인

tragōdein 다듬다

tragōdopoios 비극 시인

tragoeidēs 염소 모양

trechein 달리다

tromos 떨림

trypanon 송곳

trypētēs 대장장이

typos 개괄적인 특징, 윤곽

xenikōs 외국식으로

xenikos 외국의

xenos 손님, 외국인

xylon 목재

zēmiōdes 손해가 되는

zeon 끓는

zētēsis 탐구

zōa 그림

zōgraphēma 그림

zōgraphos 화가

zygon 멍에

고유명사

그리스 사람들 Hellenes 383a,
    385e, 409e

그리스 사람의 Hellenikos 437e

데메테르 Dēmētēr 404b

디오뉘소스 Dionysos 406c+

레아 Rhea 401e, 402b+

레토 Letō 406a+

무사 Mousa 406a+, 409d, 428c

뮈르틸로스 Murtilos 395c

뮈리네 Myrinē 392a

므네시테오스 Mnēsitheos 394e+

바티에이아 Bathieia 392a

세이렌 Seirēn 403d, e

소시아스 Sōsias 397b

수스 Sous 412b+

스미크리온 Smikriōn 429e

스카만드로스 Skamandros 391e+

스카만드리오스 Skamandrios
    392b+,d

스핑크스 Sphinx 414d+

아가멤논 Agamemnōn 395a+

아기스 Agis 394c+

아레스 Arēs 404b, 406d, 407c+, d

아르케폴리스 Archepolis 394c+

아르테미스 Arthemis 406b+

아스튀아낙스 Astyanax 392b+−e,
    393a, 394b

아이기나 Aigina 433a

아이아스 Aias 428c

아케심브로토스 Akesimbrotos
394c+

아킬레우스 Achilieus 428c

아테나 Athēna 404b, 406d+,
407a+-c, 417e

아테네 사람 Athēnaios 406d

아테네에서 Athēnaie 429e

아트레우스 Atreus 395a+

아티케 방언 Attikē phōnē 398d, e

아티케식 표현으로 Attikisti 410c

아티케의 Attikos 398d

아폴론 Apollōn 404b, e+, 405d

아프로디테 Aphroditē 406d+

에레트리아인 Eretrieus 434c

에우튀데모스 Euthydēmos 386d

에우튀키데스 Eutychidēs 397b+

에우튀프론 Euthyphrōn 396d,
399a, 400a, 407d, 428c

에우폴레모스 Eupolemos 394c

오레스테스 Orestēs 394e

오르페우스 Orpheus 400c, 402b

오케아노스 ōkeanos 402b

우라노스 Ouranos 396b+

이리스 Iris 408b+

이아트로클레스 Iatroklēs 394c+

제우스 Zeus 386b, 392e, 393b,
395e, 396a+, b, 400d, 401b,

402c, 403d, 404c, 408b,
409d, 410d, 416a, 425b,
428b, c, 431e, 439a

제우스의 자손 Diogenes 428c

칼리아스 Kallias 391c

크로노스 Kronos 396b+, c, 401e,
402a, b, 404a

크뤼십포스 Chrysippos 395b

크산토스 Xanthos 391e+

탄탈로스 Tantalos 395e+

테살리아 사람들 Thettaloi 405c

테오필로스 Theophilos 394e+,
397b+

테튀스 Tēthys 402b+-d

텔라몬 Telamōn 428c

튀에스테스 Thuestēs 395b

트로이아인들 Trōes 392c

트로이아 Troia 391e

판 Pan 408b+

팔라스 Pallas 406d

페레파타 Pherrephatta 404c+

펠롭스 Pelops 395c+

포세이돈 Poseidōn 402d, e+

폴레마르코스 Polemarchos 394c+

프로스팔타 사람의 Prospaltios
396d

프로타고라스 Prōtagoras 385e,
386a, c, 391c

플루톤 Ploutōn 402d, 403a+, e

하데스 Haides　395d, 403c+, e, 404b+, d

헤라클레이토스 Herakleitos　401d, 402a–c, 440c, d

헤라 Hera　404b+, c

헤르메스 Hermēs　407e+, 408b, d, 429c

헤스티아 Hestia　401b+

헤시오도스 Hesiodos　396c, 397e, 402b, 406c, 428a

헤파이스토스 Hephaistos　391e, 404b, 406b, d, 407c+

헥토르 Hektōr　392b, c, 393a+, 394b

호메로스 Homeros　391d, 392b, c–e, 393a, b, 402a, b, 407a, 408a, 410c, 417c

힙포니코스 Hipponikos　384a, 406b

힙포다메이아 Hippodameia　395d

옮긴이의 말

이 대화편을 읽기 시작한 때는 2001년 11월이었다. 그로부터 1년 넘게 매주 한 차례씩 독해 모임을 가졌고, 2003년 1월 정암학당 집중독해 때 나머지를 다 읽었다. 이 기간에 두 공역자는 번갈아 가며 독해 책임을 맡아 번역 초고를 만들었다. 그 후 전집 번역 일정이 잡힘에 따라 각자 자신이 번역한 부분들을 검토하는 과정을 거친 후, 최종적으로는 김인곤이 번역문 전체를 검토하며 손질했고, 이기백은 작품 해설을 맡았다. 물론 정암학당이 펴낸 다른 번역본들의 경우처럼 이 번역본도 학당 성원들이 분담해서 검토하고 번역문에 대해 이런저런 유익한 제안을 해주어 번역본의 완성도를 높일 수 있었다.

처음 이 대화편을 읽어 나가던 때를 돌이켜 보면 두 공역자가 때때로 열띤 논쟁을 벌였던 일들이 무엇보다도 생생하게 떠오른다. 어떤 때는 후배들이 역자들의 우의가 상하지나 않을까 우려할 정도였다. 그때는 그만큼 혈기가 넘쳤고 공부에 대한 열의도 대단했던 것이 아니었나 싶다. 출판을 위한 마무리 검토 과정에서도 그 여진이 없던 것은 아니었다. 그만큼 둘은 진리 앞에서는 한 치의 양보도 원치 않았다. 두 사람은 학부 시절에도 같이 공부 모임을 가진 적이 있고, 그 후로 박사 학위를 받고 나서는 1995년 이래 줄곧 머리를 맞대고 소크라테스 이전 철학자들과 플라톤과 아리스토텔레스의 원전들을 읽어 왔건만, 아직도 함께 공부를 할 때면 긴장감이 없지 않다. 그만큼 진리는 엄격하고 거기에 도달하는 길은 험난하고 까다로운 것이 아닌가 하는 생각도 든다.

그러나 플라톤의 대화편은 잠시의 방심도 허용하지 않으며, 읽을 때마다 다시 생각하게 만드는 작품이어서 번역본을 내놓는 기쁨 못지않게 염려되는 점도 없지 않다. 또한 주석도 꼭 필요한 것에만 한정해 최소화했는데, 충분히 달아야 했던 게 아닐까 하는 아쉬운 마음도 남는다. 여러 면에서 아쉽긴 하지만 역자들로서는 그간 우리말로 제대로 번역되지 않은 채 묻혀 있던 대화편을 독자들이 쉽게 접할 수 있도록 번역 출간하게 되었다는 데 보람을 느낀다. 아무쪼록 이 번역본이 플라톤 사상에 한 걸음 더 다가갈 수 있는 발판이 되었으면 한다.

이 대화편을 번역하는 데 많은 분들의 도움이 있었다. 정암학당에서 함께 공부하며 숱한 논쟁을 벌여 온 학당의 원구원들은 공동 탐구가 얼마나 보람된 일인지를 늘 실감할 수 있게 해 주었다. 그리고 후학들에게 공동 탐구의 장을 마련해 주고 늘 따뜻하게 돌봐 주시는 이정호 선생님께 깊은 감사의 마음을 전하고 싶다. 끝으로 이번에 이 대화편을 아카넷에서 출간하는 데 주의 깊게 편집 작업을 해주신 김일수 팀장님께 감사드린다.

2021. 2 역자 일동

사단법인 정암학당을 후원해 주시는 분들

정암학당의 연구와 역주서 발간 사업은 연구자들의 노력과 시민들의 귀한 뜻이 모여 이루어집니다. 학당의 모든 연구는 시민들의 자발적인 후원을 바탕으로 하기 때문입니다. 그 결실을 담은 '정암고전총서'는 연구자와 시민의 연대가 만들어 내는 고전 번역 운동의 산물이라고 할 수 있습니다. 이 같은 학술 운동의 역사적 의미를 기리고자 이 사업에 참여한 후원회원 한 분 한 분의 정성을 이 책에 기록합니다.

평생후원회원

후원위원

강승민　강용란　강진숙　강태형　고명선　곽삼근　곽성순　길양란　김경원
김대권　김명희　김미란　김미선　김미향　김백현　김병연　김복희　김상봉
김성민　김성윤　김수복　김순희(1)　김승우　김양희(1)　김양희(2)　김애란　김영란
김용배　김윤선　김정현　김지수(62)　김진숙(72)　김현제　김형준　김형희　김희대
맹국재　문영희　박미라　박수영　박우진　백선옥　사공엽　서도식　성민주
손창인　손혜민　송봉근　송상호　송순아　송연화　송찬섭　신미경　신성은
신재순　심명은　엄윤경　오현주　오현주(62)　우현정　원해자　유미소　유효경
윤정혜　이경진　이광영　이명옥　이봉규　이봉철　이선순　이선희　이수민
이수은　이승목　이승준　이신자　이재환　이정민　이지희　이진희　이평순
이한주　임경미　임우식　장세백　전일순　정삼아　정선빈　정현석　조동제
조문숙　조민아　조백현　조범규　조성덕　조정희　조준호　조진희　조태현
주은영　천병희　최광호　최세실리아　　　　　최승렬　최승아　최정옥　최효임
한대규　허 민　홍순혁　홍은규　홍정수　황정숙　황훈성　정암학당1년후원
문교경기〈처음처럼〉　　　　문교수원3학년학생회　　　　문교안양학생회
문교경기8대학생회　　　　　문교경기총동문회　　　　　문교대전충남학생회
문교베스트스터디　　　　　문교부산지역7기동문회　　　문교부산지역학우일동(2018)
문교안양학습관　　　　　　문교인천동문회　　　　　　문교인천지역학생회
방송대동아리〈아노도스〉　　방송대동아리〈예사모〉　　　방송대동아리〈프로네시스〉
사가독서회

개인 115, 단체 16, 총 131

후원회원

강경훈　강경희　강규태　강보슬　강상훈　강선옥　강성만　강성식　강성심
강신은　강유선　강은미　강은정　강임향　강주완　강창조　강 항　강희석
고경효　고복미　고숙자　고승재　고창수　고효순　곽범환　곽수미　구본호
구익희　권 강　권동명　권미영　권성철　권순복　권순자　권오성　권오영
권용석　권원만　권장용　권정화　권해명　김경미　김경원　김경화　김광석
김광성　김광택　김광호　김귀녀　김귀종　김길화　김나경(69)　김나경(71)　김남구
김대겸　김대훈　김동근　김동찬　김두훈　김 들　김래영　김명주(1)　김명주(2)
김명하　김명화　김명희(63)　김문성　김미경(61)　김미경(63)　김미숙　김미정　김미형
김민경　김민웅　김민주　김범석　김병수　김병옥　김보라미　김봉습　김비단결
김선규　김선민　김선희(66)　김성곤　김성기　김성은(1)　김성은(2)　김세은　김세원
김세진　김수진　김수환　김순금　김순옥　김순호　김순희(2)　김시형　김신태
김승원　김아영　김양식　김영선　김영숙(1)　김영숙(2)　김영순　김영애　김영준
김옥경　김옥주　김용술　김용한　김용희　김유석　김유순　김은미　김은심
김은정　김은주　김은파　김인식　김인애　김인욱　김인자　김일학　김정식
김정현　김정현(96)　김정화　김정훈　김정희　김종태　김종호　김종희　김주미
김중우　김지수(2)　김지애　김지유　김지은　김진숙(71)　김진태　김철한　김태식

김태욱	김태헌	김태희	김평화	김하윤	김한기	김현규	김현숙(61)	김현숙(72)
김현우	김현정	김현철	김형규	김형전	김혜숙(53)	김혜숙(60)	김혜원	김혜자
김혜정	김홍명	김홍일	김희경	김희성	김희준	나의열	나춘화	남수빈
남영우	남원일	남지연	남진애	노마리아	노미경	노선이	노성숙	노혜경
도종관	도진경	도진해	류다현	류동춘	류미희	류시운	류연옥	류점용
류종덕	류진선	모영진	문경남	문상흠	문영식	문정숙	문종선	문준혁
문찬혁	문행자	민 영	민용기	민중근	민해정	박경남	박경수	박경숙
박경애	박귀자	박규철	박다연	박대길	박동심	박명화	박문영	박문형
박미경	박미숙(67)	박미숙(71)	박미자	박미정	박배민	박보경	박상선	박상준
박선대	박선희	박성기	박소운	박순주	박순희	박승억	박연숙	박영찬
박영호	박옥선	박원대	박원자	박윤하	박재준	박정서	박정오	박정주
박정은	박정희	박종례	박종민	박주현	박준용	박지영(58)	박지영(73)	박지희
박진만	박진현	박진희	박찬수	박찬은	박춘례	박한종	박해윤	박헌민
박현숙	박현자	박현정	박현철	박형전	박혜숙	박홍기	박희열	반덕진
배기완	배수영	배영지	배제성	배효선	백기자	백선영	백수영	백승찬
백애숙	백현우	변은섭	봉성용	서강민	서경식	서동주	서두원	서민정
서범준	서승일	서영식	서옥희	서용심	서월순	서정원	서지희	서창립
서회자	서희승	석현주	설진철	성 염	성윤수	성지영	소도영	소병문
소선자	손금성	손금화	손동철	손민석	손상현	손정수	손지아	손태현
손혜정	송금숙	송기섭	송명화	송미희	송복순	송석현	송염만	송요중
송원욱	송원희	송유철	송인애	송태욱	송효정	신경원	신기동	신명우
신민주	신성호	신영미	신용균	신정애	신지영	신혜경	심경옥	심복섭
심은미	심은애	심정숙	심준보	심희정	안건형	안경화	안미희	안숙현
안영숙	안정숙	안정순	안진구	안진숙	안화숙	안혜정	안희경	안희돈
양경엽	양미선	양병만	양선경	양세규	양지연	엄순영	오명순	오서영
오승연	오신명	오영수	오영순	오유석	오은영	오진세	오창진	오혁진
옥명희	온정민	왕현주	우남권	우 람	우병권	우은주	우지호	원만희
유두신	유미애	유성경	유정원	유 철	유향숙	유형수	유희선	윤경숙
윤경자	윤선애	윤수홍	윤여훈	윤영미	윤영선	윤영이	윤 옥	윤은경
윤재은	윤정만	윤혜영	윤혜진	이건호	이경남(1)	이경남(72)	이경미	이경선
이경아	이경옥	이경원	이경자	이경희	이관호	이광로	이광석	이군무
이궁훈	이권주	이나영	이덕제	이동래	이동조	이동춘	이명란	이명순
이미란	이미옥	이민숙	이병태	이복희	이상규	이상래	이상봉	이상선
이상훈	이선민	이선이	이성은	이성준	이성호	이성훈	이성희	이세준
이소영	이소정	이수경	이수련	이숙희	이순옥	이승훈	이시현	이아람
이양미	이연희	이영숙	이영실	이영애	이영철	이영호(43)	이옥경	이용숙
이용웅	이용찬	이용태	이원용	이윤주	이윤철	이은규	이은심	이은정
이은주	이이숙	이인순	이재현	이정빈	이정석	이정선(68)	이정애	이정임
이종남	이종민	이종복	이주완	이중근	이지석	이지현	이진우	이철주

| 옮긴이

김인곤

성균관대 철학과를 졸업했으며, 서울대 대학원 철학과에서 플라톤 철학 연구로 석사 및 박사학위를 받았다. 정암학당 연구원으로 그리스 고전철학 원전 강독과 번역을 주로 하고 있으며, 철학아카데미와 문화센터에서 서양 철학 및 인문학 고전 읽기와 개론 강의를 하고 있다. 주요 저서 및 역서로는 『서양고대철학』(공저)를 비롯해 플라톤의 『고르기아스』, 『법률 1, 2』(공역) 외 『소크라테스 이전 철학자들의 단편 선집』(공역) 등이 있다.

이기백

성균관대학교 철학과를 졸업하고 같은 대학교에서 『필레보스』를 중심으로 플라톤의 윤리학과 우주론 및 방법론을 연구하여 박사학위를 받았다. 현재 성균관대학교 초빙교수이며 정암학당 이사이다. 저서로는 『플라톤의 그리스 문화 읽기』(공저), 『철학의 전환점』(공저), 『서양고대철학 1』(공저), 『아주 오래된 질문들: 고전철학의 새로운 발견』(공저)이 있고, 역서로는 『소크라테스 이전 철학자들의 단편 선집』(공역), 『히포크라테스 선집』(공역), 플라톤의 『크리톤』, 『필레보스』, 『법률 1, 2』(공역) 등이 있다. 최근에 『소크라테스의 삶에서 악법과 불복종의 문제』라는 논문을 발표하기도 했다.

정암고전총서는 정암학당과 아카넷이 공동으로 펼치는 고전 번역 사업입니다.
고전의 지혜를 공유하여 현재를 비판하고 미래를 내다보는 안목을 키우는
문화적 기반을 마련하고자 합니다.

정암고전총서 플라톤 전집

크라튈로스

1판 1쇄 찍음 2021년 3월 3일
1판 1쇄 펴냄 2021년 3월 22일

지은이 플라톤
옮긴이 김인곤 · 이기백
펴낸이 김정호
펴낸곳 아카넷

출판등록 2000년 1월 24일(제406-2000-000012호)
주소 10881 경기도 파주시 회동길 445-3 2층
전화 031-955-9511(편집) · 031-955-9514(주문)
팩스 031-955-9519
www.acanet.co.kr

© 김인곤 · 이기백, 2021

Printed in Paju, Korea.

ISBN 978-89-5733-708-0 94160
ISBN 978-89-5733-634-2 (세트)

도서의 국립중앙도서관 출판예정도서목록(CIP)은
서지정보유통지원시스템 홈페이지(http://seoji.nl.go.kr)와
국가자료공동목록시스템(http://www.nl.go.kr/kolisnet)에서 이용하실 수 있습니다.
(CIP제어번호: CIP2020005578)